버티고
견뎌내며
성장중입니다만

김효순 지음

프롤로그

못해도 묵묵히 버티다 보면, 터널의 끝은 보인다

 아이를 키우는 것은 애써도 아무도 안 알아주는, 티도 안 나고, 생색도 낼 수 없는 일인 것 같다. 나는 사라진 채, 누구의 엄마로 살아가는 삶이 시작된 것이다. 때론 깜깜한 터널 속에 혼자 있는 느낌마저 들었다. 지치고 힘들고 빨리 그 시간이 지나길 바랐다.

 왜였을까? 아이를 키우는 요령도 없거니와 큰 아이를 길러 봤다고 작은 아이를 키우는 게 쉬워지는 것도 아니었다. 아이마다 특성이 다르고 결이 달랐다. 정답은 수십 가지, 어려움은 우주 최강을 자랑하는 수수께끼의 연속이다. 아이들이 지지고 볶고 싸우면 솔로몬을 자처하며 중재해야 했고, 키 작은 아이들을 먹이는 건 매번 고민스러

잃으며, 놀아줘도 지치지 않은 아이들과 240시간 같은 하루를 보냈다. 잘 때는 또 어떤가? 아이들 틈에 끼어 다리 한쪽 치우고 나면 팔 한쪽이 올라와 있는 샌드백 신세였다. 한마디로 수면의 질 따위는 생각할 수 없는 삶이다.

열심을 내며 애씀에도, 나를 우주처럼 세상 전부처럼 생각하는 아이들을 '잘 키우고 있는지?'에 대한 확신이 서지 않았다. 커다란 허들을 겨우 넘었는데 계속해서 산 같은 허들들이 줄지어 있는 것처럼, 숨이 턱턱 막혔다. 계획대로 되지 않음에 뜻대로 될 수 없음까지 추가되며 내려놓음의 연속이었다.

전에는 못하는 것은 요리조리 피해 다녔다. '못하면 안 한다. 못하는데 왜 하나?' 일의 효율성을 강조하며 포기 절차를 밟은 건 당연했다. 아이를 키우는 건 못해도 산전수전 공중전을 펼쳐서라도 해 봐야 하는 일이었고 '나의 몹시 못함'을 매번 인정해야 했다. 그러다 보니 아이들은 이렇게 자라 있었다. 돌아보면 왜 그렇게 힘들게만 생각했을까? 싶지만, 다시 젊어진다 해도 돌아가고 싶지는 않다. 그 땐 그게 최선이었고 치열한 삶이었으리라 믿으니까.

로댕의 생각하는 사람처럼 '고뇌의 시간'도 글로 쓰다 보니 웃을 수 있었다. 다 지난 일이니까 너그러워질 수 있었는지도 모른다. 고군분투한 주인공이 나라서 좀 짠하기는 하지만, 누구나 아이를 키우는 것은 '도를 100번씩' 닦는 일이라 생각한다. 그 속에서 나는 아이들에게만 굉장히 헌신적인 삶을 산 줄 알았는데, 나름 숨 돌릴 '나만의 삶'도 살아가고 있었다. 달리면서 고통은 고통으로 맞받아쳤고, 새롭게 피아노와 글 쓰는 과정을 배우면서 마음의 허기 또한 채워갔다. 심지어 방송 댄스까지 하는 위엄을 발사하게 될 줄이야? 진정 나이가 들어서 재밌게 노는 법을 알아가고 있다.

내가 범접할 수 없다고 여긴 틀들을 부수는 시기. 못해도 한번 용을 쓰며 해봤더니 그다음은 아주 조금(개미 눈곱만큼) 쉬워진다는 진리를 깨달았다. 물론 용쓴다고 용이 되지 않는 것처럼. 여전히 힘들고 넘어지는 일들도 수두룩하다. 그럼에도 나를 다독이며 '그럴 수도 있지.'라는 마음으로 조금은 관대해지려고 한다. 완벽이라는 마음을 내려놓으면 잔뜩 들어간 '뽕(힘)'이 살며시 빠진다. 에너지를 비축한 만큼. 앞으로 한 발짝 나갈 때 요긴하게 사용된다.

못하는 것을 묵묵히 때론 씩씩대며 받아들이는 10년의 과정. 그 속에서 나는 산산이 깨지고 다치고 무너지는 시간을 보냈다. 그 시간의 버팀과 견딤. 때론 쉼표로 인해 살포시 웅크렸던 시간까지. 나라는 사람을 만드는 자양분이 됐다. 마치 탄소 덩어리가 연마되어 다이아몬드로 탄생한 것처럼 치열하게도 성장통을 겪었다. 나라는 사람을 키우고 스파르타로 훈련 시킨 절대적인 시간임이 분명하다. 어쩌면 지금. 어둠의 터널을 지나 쏟아지는 빛과 만나는 중이다. 나는 육아로 다져진 잔근육을 만든 덕에, 너무나 재밌는 삶이 펼쳐지고 있다. 이제야 나의 연약함이 단련되어 앞으로 나아가는 원동력이 되었다고 감히 말할 수 있다.

 다만 그때의 나에게 "아이를 잘 키우고 있다는 확신이 조금만 더 있었더라면 덜 흔들렸을 텐데. 부단히도 애썼구나. 고생했어."라며 꼭 안아주고 싶다. 앞으로 10년 뒤의 나에게도 "힘들어도 넘어져도 또 잘 견뎌낼 줄 알았어! 이렇게 눈부시게 성장할 줄이야."라며 두 손 모아 응원하고 싶다.

 "경로 이탈 중입니다."라고 울어대던 비상 신호는 "더 신나는 경로로 검색되었으니, 엉덩이 씰룩 흔들며 즐겁게 가 주세요."라고 말해 주는 것 같다. 잘못 들어가 버린 길이 오히려 새로운 통로로 연결된 것이다. 당황스럽더라도 마음을 다시 부여잡고 "앗싸. 얼마나 더 멋진 길이 펼쳐질까?" 기대하며 그냥 즐기면 된다. 큰 변화는 작은 움직임의 합으로 온다. 그 시작이라는 사건을 통해 꿈꾸던 삶을 조금씩 다가가며 닮아가고 있다.

아무리 내 삶을 성장시킨다고 해도 아이를 키우는 과정은 여전히 쉽지 않다. 말해 뭐하겠는가? 아직도 내 몸은 온전히 내 몸이 아니다. 아이들에게 쉼 없이 불리고 여전히 손이 100개라도 모자랄 판이다. 내가 알록달록 울트라 파워레인저라면 좋겠다고 몇 번이나 생각한다. 요리하는 빨간 엄마, 공부 가르치는 노란 엄마, 놀아주는 파란 엄마, 고민을 상담하는 녹색 엄마, 갖고 싶은 걸 사주는 럭셔리한 주황 엄마까지. 내 역할을 하도록 위임하고 나는 신나게 나가 놀고 싶다. 현실은 내 시간의 반절 이상을 여전히 아이들에게 반납하고 남은 반절은 신명나게 노는 걸로 마지 노선을 정했다. 언젠가 아이들에게 쓰는 그 반절의 시간이 반의 반절로 줄어 나의 노는 시간이 쭉쭉 늘어나 있길 기대하면서.

 엄마, 아빠, 할아버지, 할머니, 고모, 이모, 형제나 자매, 그 밖의 여러 형태의 가족들이 "잘하고 있다"고 토닥이며 오늘을 잘 견뎠으면 좋겠다. 함께하는 기쁨이 무엇인지, 행복이 무엇인지, 감사가 무엇인지, 나는 시간이 한참 지난 다음에야 알았다. 좀 더 일찍 가족이라는 울타리가 주는 행복감을 느끼며, 잘 누렸으면 한다. 서로의 따뜻한 체온이 오늘 하루를 견디고 웃게 만드니까. 하루하루의 힘듦이 앞으로 나아가며 성장하게 할 소중한 계기가 된다고 믿고 힘찬 발걸음으로 나아가길 기도한다.

차례

프롤로그 | 못해도 묵묵히 버티다 보면, 터널의 끝은 보인다 ·················· 2

1부 ● 나를 키운 '육아'

01. 밥상을 날아다니는 비행기와 익룡 ································· 13
    키 작은 아이를 키우는 엄마의 고민

02. '돌밥(돌아서면 밥하고)'보다 무서운 말 ························· 22
    아이와 보내는 240시간 같은 하루

03. 자매 싸움에 CCTV를 돌려볼 수 없어서 ······················· 31
    서툰 감정 속에 자신을 변호하는 연습

04. 승부욕 때문에 아이를 울리는 엄마 ······························ 39
    보드게임과 책, 지구본으로 익힌 한글

05. 초3, 최선도 중요하지만 ·· 47
    친구 관계, 시험, 숙제의 고민

06. TV 보려고 공부하는 아이들 ··· 57
    공부하는 습관 만들기

07. 아이들 앞에서 19금 질문을 ··· 66
    좌충우돌 반려 물고기 기르기

08. 두 아이를 임신하고 낳으며 배운 것들 ·························· 76
    입덧, 임신소양증, 가족의 암 투병을 겪으며

09. 현실 육아, 힘들고 외로운 시간의 견딤 ························ 86
    흔들리는 마음을 붙잡고 넘어져도 웃는 이유

차례

2부 · 엄마 말고 '나'로 살기

01. 하프마라톤 도전, 옆에서 부추기는 사람(상) ················· **97**
　　　　　　　　　　　　　　　　오래 멀리 달리려면 함께 달리기

02. 하프마라톤 도전, 옆에서 부추기는 사람(하) ················· **105**
　　　　　　　　　　　　　　　　완벽한 때를 기다리기보단 저지르기

03. 마늘산과 파 더미 임무 수행 완료 ··························· **114**
　　　　　　　　　　　　　　　　'깡철부대2'를 보며 단순 노동 즐기기

04. '내' 부족함과 결핍을 채우는 시간 ··························· **121**
　　　　　　　　　　　　　　　　열정의 온도를 높이는 피아노 연습

05. 둘이 먹어야 더 '맛있는' 이유 ······························· **130**
　　　　　　　　　　　　　　　　남편의 커피 레시피

06. 감정에 집중하는 시간, 고흐의 카페테라스 ················· **137**
　　　　　　　　　　　　　　　　완성되는 과정이 즐거운 퍼즐 맞추기

07. 싸우려고 등산하는 부부 ····································· **144**
　　　　　　　　　　　　　　　　하루에 아미산, 다불산, 보령산을 오르며

08. 다이어트, 끝날 때까지 끝난 게 아니다 ····················· **154**
　　　　　　　　　　　　　　　　플러스사이즈의 다이어트

09. 꼭 필요한 준비물은 나대는 마음(끼) ······················· **162**
　　　　　　　　　　　　　　　　노력하는 다이어터, 빙송 댄스까지

에필로그 | 생각보다 사는 게 이렇게 재밌을 줄이야? ················· **171**

01

밥상을 날아다니는 비행기와 익룡
키 작은 아이를 키우는 엄마의 고민

아이들은 밥 먹을 때 바라는 것이 많다. 평범한 걸 원하지 않는다. 아이들이 반찬과 메인 요리가 마음에 들지 않을수록 나는 갈고닦은 기술을 현란히 선보여야 한다. 입으로는 실감 나는 의성어를 내뱉고 손으로는 숟가락 비행기를 만들어 곡예를 펼친다.

"슈우웅~ 우웅 비행기 납시오. 아~ 입 벌려!"

"한 번 더! 이번에는 프테라노돈처럼 해 줘."

"파라랑 빠락 퐈랑락 빠랑 프테라노돈이 나. 간. 다. 아~"

"엄마, 더 재밌게 재밌게!"

"네엣 그리 합죠(굽신 굽신). 쁘라락 뽀랏 프르랏 쁘락"

쉬고 있던 왼팔까지 격한 날갯짓에 합류한다. 아이들의 반응을 보고 원하는 의성어에 높낮이까지 추가한다. 마치 한 마리의 익룡이 아니라 수십 마리의 익룡처럼 감쪽같은 연기력이 필요하다. 식사 시간은 별의별 의성어가 난무한다. 아이들의 마음에 들기 위해 처절하리만큼 애쓴 흔적이다. 밥을 먹일 수만 있다면 간과 쓸개까지 내어주는 삶을 체념하듯 받아들였다.

'이렇게 사회생활을 했다면 아부의 신이 되고도 남았을 텐데.'

아이의 입꼬리가 씰룩하는 찰나 최대한 빠른 속도로 숟가락을 입속으로 넣어야 한다. 없던 순발력을 발휘할 때다. 마치 공격하는 손과 수비하는 입의 싸움이 치열하다. 수비의 빈틈을 노리는 숟가락의 공격은 생각보다 녹록지 않다. 현란한 소리와 손짓으로 공격 아이템을 장착해 보지만 아이는 "더 재밌고 신나게!" 주문하고는 입을 쏙 닫아버린다. 아이의 혼을 빼도록 흡족한 공연을 선보여야지 깍쟁이 같은 입을 쏙하고 벌린다. 오물쪼물하는 동안 어떤 작전으로 다음 공격을 이어나갈지 내 머릿속도 복잡하다. 그렇게 한 숟가락, 두 숟가락 최선을 다하고 나서야 밥그릇의 바닥이 보인다. 밥 먹이기를 끝내고 나면 한바탕 전쟁을 치른 것처럼 진이 빠지는 이유다.

두 아이 모두 2.85kg으로 작게 태어났다. 꾸준히 자랐지만, 또한 꾸준히도 '무척 작음'을 유지했다. 영유아 검진만 되면 의사 선생님은 결과지의 그래프를 가리키며 혼을 냈다. 작게 태어난 아이를 표준 아이로 성장시키지 못한 엄마는 바로 대역 죄인이 된다.

"아이 키나 몸무게가 표준보다 한참 미달인 것 아시죠? 우유나 소고기를 잘 먹이고 있나요?"

"아예. 아이가 소고기는 잘 먹지 않더라고요."

"어머님이 아이의 입맛에 맞춰 요리를 개발하셔야죠? 소고기를 다져서 부드럽게 하면 질기지 않고 잘 먹을 거예요. 아이가 작을수록 어머님이 신경 쓰셔야 해요. 운동도 꾸준히 시켜 활동량도 늘려주시고요."

"네에, 제가 좀 더 노력해야겠네요."

결국 반성 아닌 반성을, 다짐 아닌 다짐을 하고서야 진땀 빼는 진료를 마쳤다. 의사 선생님의 충고에 비행기가 되고 프테라노돈이 되는 나의 노고는 몹시 초라하게 느껴졌다. 더 열심을 내어 먹이는 것에 신경 써야 한다는 사명감을 부여받았다.

"오늘은 뭘 해 먹지? 무엇을 먹어야 아이가 잘 먹을까?"

진료 후, 이 질문은 난제 중에서 난제로 다가온다. 작은 아이를 표준 아이로 성장시켜야 하는 사명을 밥상에 바로 반영해야 한다. 누군가 "김치찌개가 먹고 싶다. 백숙을 먹고 싶다. 소시지 야채 볶음을 먹고 싶다."라고 말해줬으면 좋겠다. 장을 보고 한 끼를 해결할 때 참고할 수 있기 때문이다. 매번 똑같은 걸 먹일 수 없고 해달라는 것도 없는 날에는 참 고민스럽다. 한 끼를 해결하고 나면 또 한 끼를 준비해야 한다. 줄줄이 비엔나소시지처럼 해결되지 않는 문제꾸러미다. 어제와 다른 반찬 1~2개와 국, 아니면 카레나 제육볶음, 만두전골 같은 주요리가 필요하다. 의사 선생님께서 말한 소고기 요리도 추가된다. 다져서 떡갈비를 만들거나 얇은 불고기 형태로 굽거나 샤브샤브를 내놓는다.

밥에 흥미가 적은 아이들이라 음식이 들어가는 첫 숟가락에 온 신경이 집중된다. 표정을 보면 입맛에 맞는지? 안 맞는지? 바로 판가름 난다.

"엄마, 맛있어. 더 줘."

"엄마, 안 먹을래."

천국과 지옥을 오가는 기준이 된다. 뜨거운 불 앞에서 '분주히 움직였던 수고가 보상되느냐? 헛수고가 되느냐?'는 1초면 판명된다. 입에 들어가기도 전에 거절당했을 때는 좌절의 쓴맛을 톡톡히 본다. 밥 먹는 시간이 단축

될 거라는 희망적인 신호는 단숨에 사라진다. 스스로 밥을 먹는 모습이 손에 꼽을 정도인데 오늘은 그런 날이 아니다. 당연하지만 당연하지 않은 본인 숟가락 들기를 다음으로 기약해야 한다. 내 앞에는 내 숟가락, 큰 아이 숟가락, 작은 아이 숟가락 무려 3개의 숟가락이 버젓이 버티고 있다. 서로 선택을 기다리지만 역시나 나의 숟가락은 마지막이 되어서야 제 임무를 수행할 수 있다. 내 숟가락은 일명 '서열 3위'인 것이다.

"굶겨봐라. 며칠 쫄쫄 굶기면 다 먹는다. 쫓아다니면서 먹이니 더 버릇없어지지. 쯧쯧."

나도 아이를 키우기 전에는 이해하지 못했다. 숟가락까지 들고 다니며 아이의 입에 밥 먹이는 모습을. 엄마들이 너무 극성이라고 생각했고 아이들은 유별나다고 생각했다. 그게 나의 일상이 될 줄이야! 활동량이 줄고 여러 자극적인 음식들에 노출이 많은 아이들이다. 밥을 먹지 않아도 눈을 돌리면 여러 음식을 먹을 수 있는 환경이다. 지금 당장 밥을 먹지 않는다고 큰일나지 않는다. 무조건 굶기는 것은 밥 잘 먹이기 공식이 아니라는 이야기다. 그렇게 했다가는 작은 아이는 계속해서 '또래보다 작음'이라는 타이틀을 벗어나지 못할 것이다. 의사 선생님의 표정도 더욱더 심각해질 게 뻔하다.

아이와 실랑이를 하다 보면 '그래 먹지 마라! 먹지 마! 네 키 안 크지? 내 키 안 크냐? 나중에 엄마 탓하지 마!'라고 소리치고 싶다. 숟가락도 "탁" 소리를 내며 몹시 화났음을 팍팍 티 내고 싶다. 현실은 목구멍까지 차오르는 말을 꾹 참으며 "한 숟가락만! 딱 한 숟가락만! 그래야 너보다 조금 큰 친구 2명 따라잡는다."라며 달래듯 아이 입 앞에서 숟가락을 붙들고 있다. 그래야 밥을 조금씩 비워낼 수 있다. 나의 인내력은 매번 테스트받는다. 1단계, 2단계, 3단계를 통과하지만 4단계, 5단계가 되면 몹시 위태롭다. 단진 호흡을 하듯 깊은 숨을 몰아쉬며 위기를 견디려고 애쓴다. 때론 인간미 넘치게 버럭 화내고 화해하고 웃고 우는 희로애락을 펼쳐 놓기도 한다.

"흑흑 밥 다 먹어줘서 고마워. 휴 이렇게 밥 먹이는 게 힘드냐? 이제 쑥쑥 키도 크고 튼튼해져서 의사 선생님께 혼나지 말자."

 아이들은 초등학생이 되면서, 이제야 본인의 숟가락을 든다. 여전히 맛있는 음식이 나오면 잘 먹고 별로 먹고 싶지 않은 음식이 나오면 손도 대지 않는 일관성을 유지 중이다. 큰 아이도 작은 아이도 여전히 작은 축에 속한다. 그나마 큰 아이는 밥 먹는 양도 늘고 잘 먹게 되면서 표준에 조금씩 가까워지고 있다. 그렇지만 작은 아이는 여전히 까다로운 입맛을 유지하며 몹시 작음을 유지 중이다.

 나는 밥 잘 먹고 맛있다며 쌍따봉을 번쩍 들어주는 아이의 모습이 참 좋다. 그 조그마한 엄지가 그렇게나 사랑스럽다. 오물쪼물 음식을 씹으며 스스로 통통한 볼을 만들어 낸다는 것 또한 고마울 따름이다. 숟가락을 대기하며 알 수 없는 외계어를 남발했던 삶에서 이제야 사람답게 이야기를 주고받을 수 있다는 것도, 때론 감격스럽다. 서로 웃고 떠들며 분주했던 일상을 나누다 보면 부족한 반찬과 음식을 조금은 넘어가 주는 너그러움도 존재한다. 물론 아이들은 밥을 남기고 배고프다는 소리와 함께 다른 군것질거리를 찾아 나선다. 다시 반성하고 열심히 부엌에 서야 하는 이유다. 밥상을 오가던 처절했던 의성어와 몸짓은 사라졌지만 먹고 싶은 음식에 대해 여전히 고민스럽다.

"오늘은 또 무얼 먹여야 아이들이 잘 먹는다는 소문이 날까?"

02

'돌밥(돌아서면 밥하고)'보다 무서운 말
아이와 보내는 240시간 같은 하루

"엄마, 심심해. 놀아줘!"

아이를 키우는 사람에게 이처럼 무서운 말이 있을까? 갑자기 등골이 오싹해진다. 나는 아이들과 축구도 하고 농구도 했다. 축구할 때는 메시가 되어 운동장을 질주했고, 농구할 때는 마이클 조던이 되어 수없이 슈팅했다. 얼굴은 시뻘게지고 땀은 비 오듯 쏟아졌다. 열정과 마음은 운동선수 뺨쳤지만, 거친 숨소리와 함께 체력은 급격히 고갈됐다. 골을 넣어보겠다고 소리를 지르며 활보했더니 다리만큼 목도 아팠다. 마음이 앞선 아이들은 축구를 갑자기 핸드볼로 바꿔버리는 기이한 풍경도 연출했다.

함께 운동해도 아이들은 쌩쌩하다. '누군가 나 몰래 천년 묵은 산삼을 먹였을까?' 합리적인 의심마저 든다. 그것도 아니라면 아이들 몸속 어딘가 '초고속 충전 버튼'을 숨기고 있음이 분명하다. 딱하고 누르면 자가 충전 시스템이 활성화되고 백번이고 누를 수 있는 요술 버튼 말이다. 아이들은 곧바로 충전됐고 "심심해 1절, 놀아줘 2절, 다른 신나는 놀이는? 3절"로 돌림 노래를 부르기 시작한다. 어떻게 이렇게 쉬지 않고 놀 수 있는지 신기할 따름이다.

나의 다크서클은 점점 뚜렷해진다. 하품을 연거푸 하다가 눈가는 이미 눈물로 촉촉해진지 오래다. 눈을 꾹꾹 누르며 지금이 현실이 아니길 부정해 본다. 강한 부정은 강한 긍정이라 했던가? 이 현실을 순순히 받아들여야 한다. 그래야 정신 건강에 좋다. 하이에나가 먹이 사냥을 나서듯 새로운 놀 것을 찾아야 한다.

"휴지를 불어 오래 버티기 해 볼까?"
실행 가능한지 몇 번 후후 불어 보니 머리는 멍해지고 어지러웠다. 체력은 급격히 고갈 신호를 알렸다. 얼른 방향을 틀어 다른 놀이를 생각해야 한다.
"휴지를 물감으로 찍어서 물감 놀이하고 싶어. 올록볼록한 면이 나오게 말이야."
"나는 면봉으로 물감 찍기 놀이할 거야."
"그래. 이번에는 미술 놀이! 자유롭게 마음껏 찍고 발표해 보자."
다행히 아이들이 앉아서 할 수 있는 미술 놀이를 택했다. 나는 스케치북, 물통, 수채화 물감, 아크릴 물감, 붓, 면봉, 휴지 등을 챙겼다. 잠시 엉덩이를 붙일 수 있다는 기대감에 아이들 못지않게 설렜다.

작은 아이는 면봉과 화장지로 찍어보고 붓으로 색칠했다. 어느 순간 붓으로는 성에 안 찼는지 손바닥과 손가락까지 합류했다. 영혼을 담아 문지를 때마다 세탁과 청소에 자유롭지 못한 나는, 금세 얼굴이 일그러졌다. '저 옷 어쩌지? 테이블은 이미 물감 범벅이로구나.' 아이 옷의 얼룩을 보지 말아야 하는데 자꾸만 눈이 갔다. 테이블의 초토화된 모습에 불안하고 초조하기까지 했다. 하필이면 새로 산 새하얀 테이블이기 때문이다. 아이들에게 팔토시와 앞치마를 해줘야 했고 테이블에 신문지라도 깔았어야 했다. 빨리 자리에 앉고 싶었던 나의 조급함이 부른 대참사다.

  작은 아이는 초록으로 스케치북을 색칠했다. 손가락은 쇼팽의 빗방울 전주곡을 치듯 신들리게 움직였다. 마치 스케치북이 피아노 건반 같았다. 비가 우수수 내리며 여기서기 자유로운 영혼처럼 연주했다. 주물렀다 펴더니 어느 순간 초록 손이 되었다. "완전 개구리 손이야." 모두가 공감하며 한바탕 웃었다. 작은 아이는 마음이 또 바뀌었는지 손을 물티슈로 닦더니 갈색 물감을 집어 들었다. 물감을 문지르며 춤추듯 덧칠했다. 초록 손이 갈색 손으로 바뀌는 것도 한순간이었다. 아무리 보아도 이게 무슨 그림일까? 싶었다.

"제목은 운동장이야."
"흙먼지 날리며 열심히 축구하는 모습이야? 왜 사람은 안 그렸어?"
"아니, 모래 놀이하는 모습이야. 모래성 쌓다가 허물고 모래 그림 그리는 거야. 모래 촉감이 너무 좋았어. 물감도 너무 부드럽고."
 그렇게 열심히 뛰어다니며 놀아줬는데 기억하는 것은 모래놀이라니, 몹시 허탈했다.

 큰 아이는 난타하듯이 붓과 붓을 부딪치며 물감 방울을 튀겼다. 지나간 자리마다 밤하늘의 별처럼 작은 점들이 흩뿌려졌다. 화장지로 올록볼록하게 나타내 보고 면봉으로 찍거나 선을 그어주었다. 노란 물감으로 별과 꽃을 초록 물감으로 은하수를 표현했다. 손톱처럼 작은 과일들을 여기저기 그려 넣었다. 마치 광활한 스케치북은 우주 속 과일가게를 연상케 했다.

 세월의 흔적으로 몇몇 아크릴 물감은 굳어있었다.
 "물감 진짜 딱딱해. 갈색이라서 꼭 나무껍질 같아. 이거 사용해도 돼?"
 "좋은 생각인데. 물감 껍질 벗겨줄까? 그 위에 그림 그려도 되고."
 "그렇게 그림 그려도 되는 거야? 어떻게 고정하지?"
 "그림 그리는데 정해진 건 없어. 글루건으로 고정하자. 그림에 여러 가지를 붙이는 걸 콜라주 기법이라고 해."
 "콜라...주? 먹는 콜라? 콜라주?"

 껍질 속에 갇혔던 물감은 나로 인해 탈출에 성공했고 세상의 빛을 보았다. 붕어빵틀에 붕어빵이 드러나듯 물감틀 형태로 자태를 뽐냈다. 큰 아이는 아크릴 껍질을 떼었다 붙였다 신기해하며 굳은 물감에 새싹을 그려 넣었다. 아이가 원하는 위치를 가리키면 나는 글루건으로 고정시켰다. 나는 그림을 그리는데 보조 역할을 묵묵히 수행했다.

"제목은 꽃 나라 열매 나라야. 여기저기 흩뿌려진 노랑 점들은 별도 되지만 꽃도 되지. 꽃들은 지고 나면 맛있는 과일이 주렁주렁 열리잖아. 먹고 싶다."
"제일 먹고 싶은 과일이 뭔데?"
"여기 홍시, 수박, 망고스틴, 체리 중에 힌트가 있어."
"너는 감을 제일 좋아하니까! 홍시!"
"두그 두그 두그 지금은 체리가 제일 먹고 싶어."

미술 놀이가 끝나고 나니 테이블은 말 그대로 물감 축제였다. "모두 제자리. 모두 제자리. 모두 모두 제자리." 노래를 부르며 미술 재료를 모으고 정리했다. 작은 아이는 물감 묻은 물티슈로 흰 테이블을 열심히도 문질렀다. 지나간 자리마다 물감이 마지막까지도 열일했다. 아이가 지나갔던 부분을 다시 따라가며 힘주어 닦았다. 다행히 하얀 테이블은 물감 얼룩이 사라지고 말끔히 제 모습을 되

찾았다.

옷 하나는 운명을 달리했다. 깨끗이 지워지지 않을 것 같던 슬픈 예감은 역시나 적중했다. 나의 속도 모르고 토끼 캐릭터에 예쁜 녹색 풀밭이 그려졌다며 아이는 신나 했다. 역시 아이들의 긍정적인 마음은 따라갈 수가 없다. 다음에는 앞치마와 팔토시로 꽁꽁 무장시켜 옷이 생명력을 잃고 버려지는 비극을 막아야겠다.

아이들과 작은 미술관을 만들어보니 계획대로가 아닌 우연이 만들어 내는 과정이 재밌었다. 손가락으로 조물조물하는 손놀림, 붓으로 난타하듯 흩뿌리는 모습, 장난꾸러기 같으면서도 진지함이 묻어났다. 완성된 작품을 들고 약간은 쑥스러워하면서도 씩씩하게 발표하는 모습을 보니 '이렇게나 많이 컸구나' 실감했다. 말을 너무 잘해 때론 목덜미 잡고 혈압이 급상승할 때도 있지만 이렇게 건강하게 자라줌에 감사할 따름이다. 열심히 하루를 보냈던 아이들은 코까지 골며 잘도 잔다. "엄마, 엄마, 엄마." 수

백 번 넘게 부르는 굴레에서 이제야 벗어나게 되었다.

"오늘 하루도 애쓰고 수고했어."

03

자매 싸움에 CCTV를 돌려볼 수 없어서
서툰 감정 속에 자신을 변호하는 연습

 법정 드라마는 집에서도 재연된다. 나는 두 명의 변호인을 엄중하게 바라본다. 사춘기에 살짝 발을 담그려는 큰 아이와 자기 편이 아니면 세상 서러운 작은 아이의 심기를 고려하여 판결 내려야 한다. 둘 다를 만족시키는 건 거의 불가능에 가깝다. 두 명의 변론과 감정을 들어주기 위해서는 상당한 인내심과 집중력이 필요하다. 최대한 솔

로몬의 지혜를 구하며 두 명 모두 삐치지 않게 편을 들어주며 다독여야 한다. 평화를 사랑하는 '효순 테레사'로 빙의 되는 시점이다.

하루도 빠지지 않고 '자매의 난'이 일어난다. 손으로 스매싱을 인정사정없이 날리며 몸싸움이 늘어간다. 그러면서도 상대방이 잘못했다고 억울해한다. "하지 마라. 그만해라. 마지막 경고다. 진짜 그만해. 둘 다 손들어." 나의 목소리도 한 옥타브씩 높아지며 날카로워진다.
"폭력은 안 된다고 했지? 알간? 모르간?(알아? 몰라?)"
"언니가 잘못했어."
"아냐. 얘가 먼저 때렸다고, 나는 억울해."

'CCTV처럼 모든 장면이 녹화되는 능력이 나에게 있으면 얼마나 좋을까?' 아이들이 누가 먼저 때렸고 어떤 말로 서로의 감정을 상하게 했는지 바로 확인할 수 있는 기능. 몇 분 전과 몇 초 전 상황을 슬로우 비디오로 돌려보며 누가 잘못했는지 증거물을 내밀 수 있는 장치 말이다.

같은 장소에 있으면서도 폭력의 시작점이 누구인지? 사건의 발단이 무엇 때문인지? 몰라 당황스러울 때가 많다. 나의 할 일을 모두 내려놓고 계속해서 아이만을 바라볼 수 없기 때문이다. 내 눈과 귀가 360도 자유자재로 회전하지 못함은 참 안타까운 일이다. 외계인이 되더라도 뒤통수에 눈과 귀가 달렸으면 좋겠다고 생각해 본다.

 서로를 비난하며 눈물로 호소할 때는 이 분위기를 전환해야 한다. 눈물이 쏙 들어갈 단어 선정이 필요하다.
 "대체, 선빵을 누가 날린 거야?"
 선빵이라는 단어에 아이들의 뾰로통한 입이 어느새 쿡득 쿡득 웃음을 쏟아낸다. 그 찰나를 놓이지 않고 후빵이라는 단어를 통해 정신을 흩트려 놓는다.
 "그렇다고 후빵을 날리는 것도 정당화될 수 있어? 선빵과 후빵 누구의 잘못이야? 선빵? 후빵? 네가 선빵? 아니면 네가 후빵?"
 아이들은 이미 싸움보다 선빵과 후빵이라는 단어에 꽂혀 날 선 감정을 덜어낸다. 그제야 웃고 있던 아이들에게 왜 싸웠는지 각자의 입장을 듣는다.
"이제 자신을 변호해 보도록."

 작은 아이는 대화로 못 이길 것 같으면 분을 못 이기고 손을 사용했다. 큰 아이는 맞고 나서 울며 일러바친다. 동생을 때리면 더 혼날 것 같은 마음과 몸싸움에서 밀릴 것 같은 마음이 섞여 맞서기보다 맞는 쪽을 선택한다. 처음에는 언니임에도 동생 하나 제압하지 못하고 울음을 터뜨리는 것이 못마땅했다. 우리 부부는 큰 아이에게 몰래 "그럼 너도 후빵을 세게 날려. 엄마 아빠 몰래. 이렇게 맞고만 있지 말고." 속삭였다. 이랬더니 선빵과 후빵은 폭주했다. 폭력은 나쁜 것인데도 이를 부추겼으니, 우리의 잘못도 컸다.

"무조건 때리는 건 나쁜 거야. 옆에서 깐죽거려도 3번 경고부터 날리자. 그리고 10초간 심호흡하고 기다려. 그땐 엄마가 날아가서 누구 말이 맞는지 들어 줄게."
 알겠다고는 하지만 지켜질 리 없다는 걸 잘 안다. 몸싸움하기 전에 말로써 의사소통하도록 다시 교육한다. 언젠가는 말로도 싸움이 제어되는 날을 꿈꿔본다.

 아이를 키우면서 가장 많이 싸웠던 것이 순서를 정하는 일이다. 어떤 일을 할 때 서로 먼저 하려고 하거나 미룰 때 고민이었다. 오은영 박사님의 <금쪽 상담소>를 보며 날짜로 순서 정하는 방법을 적용했다. 큰 아이는 홀숫날, 작은 아이는 짝숫날, 마지막 31은 공동의 날로 정했다. 이로 인해서 싸움이 많이 줄었다.
"엄마, 오늘 누구 날이야?"
"오늘 15일이니깐 홀숫날이야. 언니의 선택은?"
"앗싸. 내 날이다. 그럼 내 노래부터 들을래."
 그 짧은 찰나 큰 아이는 환호성을 지르고 작은 아이는 절망감을 감추지 못한다. 홀숫날에는 큰 아이가, 짝숫날에는 작은 아이가 의기양양해진다.

 별것 아닌 것 같은데 아이들은 치열하게 다툰다. 자신이 손해 본다고 생각하는 순간, 마음속의 '버럭이'가 어김

없이 등장한다. 스마트폰을 함께 보겠다고 했는데 갑자기 마음을 바꿔 남은 시간을 혼자 다 사용한 경우, 반찬 뚜껑을 열고 식사를 도와주는데 상대방은 아무것도 하지 않고 깔깔깔 웃으며 책을 보고 있는 경우, 텔레비전을 볼 때 자기 시간이 지났는데 중간에 끊지 않고 상대방 시간을 침범한 경우. 자기 방에 허락도 없이 발을 내디딘 경우, 하나 남은 바나나를 말도 하지 않고 홀랑 먹어 버린 경우 등 셀 수 없이 많다.

 아이들이 싸울 때 나의 스트레스 지수도 하늘을 뚫고 우주 밖으로 나간다. 아이들을 먼저 자제시키는 것보다 나의 감정을 먼저 다스려야 한다. 그렇지 않으면 버럭버럭 화를 쏟아내고 내 분을 못 이겨 씩씩거린다. 나중에야 미안하다며 용서를 구하는 악순환이 된다. 아이들과 나를 안정시키기 위해 잠깐 안아주는 행동이 필요하다. 들쑥날쑥한 감정에 안정을 준다. 아이들을 위한 행동이기도 하지만 나에게 즉각적인 처방전이 된다. 그 조그마한 어깨의 들썩임이 조금씩 가라앉고 나의 심장도 평온한 상태로 서서히 돌아온다. 서로의 체온은 따뜻함으로 다가와 우주 밖으로 달아난 이성을 되돌려 놓는다.

 아이들은 싸움을 통해서 자신의 감정과 의사소통하는 과정을 배운다. 사람과 사람 사이에는 갈등이 생길 수 있고 그 과정을 풀어나가는 방법을 말이다. 물론 말싸움으로 몸싸움으로 치열하게 싸워댄다. 성장하는 과정에 필요한 일이라지만 막상 하루 내내 싸우고 있을 때는 100미터 육상선수가 되어 그 자리에서 벗어나고 싶다. 싸우는 소리도 들리지 않고 보이지 않는 곳으로. 특히 중간에서 누구의 편이 아닌 중립에 선다는 건 꽤 어려운 일이다. 아이들에겐 '엄마가 내 편이 아니라는 생각'이 든 순간, 온 우주와 세상이 내 편이 아닌 것이 된다. 1차 협상으로 타결될 싸움의 마무리는 어렵게 2차 협상과 3차 협상을 거듭하며 전의를 상실케 한다.

 나는 감정에 앞서면 말을 제대로 하지 못했다. 말싸움이 시작되면 울음부터 터뜨렸기 때문이다. '말도 제대로 못 하는 바보'라고 자책하며 마음은 몇 날 며칠 용암의 불꽃처럼 들끓었다. 이제는 울면서도 이야기할 수 있지만, 어느 정도 마음의 분이 가라앉으면 이야기하는 쪽을 선택한다. 침묵을 지키며 마음을 삭이는 시간이 필요하다. 감정 조절은 아직도 서툴고 어렵다. 그래서인지 아이들만큼은 흔들리는 감정 속에서도 자신을 잘 변호하길 바란다. 조금은 덜 속상한 삶을 살았으면 하니까. 그래서 오늘도 연습하고 있는지도.

"대체, 왜? 선빵을 날렸는지 말해 줄래?"

04

승부욕 때문에 아이를 울리는 엄마
보드게임과 책, 지구본으로 익힌 한글

 코로나19로 아이들의 가정 보육이 늘어났다. 날마다 보드게임을 섭렵했다. 부루마블, 알까기, 오목, 도블, 링코, 루미큐브, 드렉사우 등. 항상 침 튀기는 열정으로 게임에 임했다. 이럴 땐 승부의 세계가 너무나 냉정해서 부모와 자식 간에 작은 불화도 발생한다.

 "앗싸! 게임은 이겨야 제맛이지!"

"흥. (도끼눈을 뜨며) 엄마는 이기는 게 그렇게 중요해?"

"최선을 다하는 것이 진정 게임에 대한 예의야! 엄마가 일부러 지면 얼마나 재미없겠어?"

"됐어! 엄마는 너무해!"

재미를 위해서 열심히 노력하다 보면 이기는 것에 진심이 된다. 시작과 동시에 내 세포는 이겨야 한다며 승부욕이 치솟는다. 없던 집중력도 발휘하니 이길 수밖에. 기분 좋게 아이들에게 져 줄 법도 한데, 게임이 시작되면 이상하게 그렇지를 못했다. 결국 아이들은 눈물을 보이고 나 또한 그제야 '이놈의 승부욕이 또 문제군.' 하고 반성한다.

부루마블은 꼭 해야 하는 게임 중의 하나였다. 6살이던 작은 아이는 글자를 띄엄띄엄 읽어서 나라를 국기로 익혔다. 그 예로 뉴욕은 자유의 여신상과 같이 도시를 상징하는 그림으로 연결했다. 돈 계산을 제외하고는 우리 도움 없이도 게임을 곧잘 했다. 오히려 큰 아이와 내가 알지 못하는 국기들을 작은 아이는 척척 알았다.

나라와 수도에 관심이 늘어가자 코로나 상생지원금(코로나19의 장기화로 인해 국민의 고통이 커지자 정부가 마련한 지원금)으로 지구본도 샀다. 어릴 적, 지구본이 있는 집은 꽤나 멋지게 보였는데 나의 아이들에게 공돈으로 선물하려니 뿌듯했다. 부루마블을 하고 나서, 직접 위치를 찾아보기도 했다. 어플로도 연동되어 못 찾는 나라는 검색으로 바로 찾을 수 있었다. 수도, 언어, 인구뿐만 아니라 탱고와 예수상같은 대표하는 것들도 자세하게 보고 문제도 풀 수 있었다.

아이들은 처음 지구본을 봤을 때, 우리나라부터 찾기 시작했다. 엄지손톱만 한 나라를 보고 꽤 충격을 받은 듯했다. 그것도 북한과 나누어져 있다는 사실까지.

"우리나라는 왜 이렇게 작아?"

"크기는 작지만 우리나라는 싸이 아저씨나 BTS(방탄소년단)같이 전 세계적으로 인기 있는 가수들이 많아. 노래뿐만 아니라 드라마도 수출하고 있고. 그걸 한류 문화라고 하는데 외국인들이 한글을 배우고 우리나라에 오고 싶어 하지. 이렇게 많은 나라 중에서 11위 할 정도로 잘 사는 나라야."

"그래도 나는 우리나라가 컸으면 좋겠어!"

작지만 자랑스러운 나라임을 알게 해 주고 싶었다. 하지만 아이들의 눈에는 벌써 중국과 러시아에 비해 너무도 작은 땅덩어리에 내심 마음이 상하고 적잖이 실망한 눈치다.

어린이집에서 배운 세계 수도송을 매일 같이 불렀다. 작은 아이가 부르고 있으니 큰 아이도 따라 부르고 어느 순간 나도 따라부르고 있었다.

"움바움바 움바리 움바 세계 수도송! 움바움바 움바리 움바 세계 수도송! 한국 서울, 일본 도쿄, 싱가포르 싱가포르, 중국 베이징, 태국 방콕, 네팔 카트만두, 인도는 뉴델리, 미얀마는 네피도, 베트남 하노이, 필리핀 마닐라……"

시도 때도 없이 노래를 부르며 흥이 넘쳤다. 자연스럽게 나라와 수도를 연결할 수 있었다.

어린이집에서 나라와 수도 책에 작은 아이가 관심이 많다는 이야기를 들었다. 작은 아이가 학습자료로 에펠탑 사진을 보여주니 "프랑스 파리에 있는 에펠탑이야." 친구들에게 가르쳐주고 있다고 들었다. 나라, 도시 이름, 건축물에 관련 책을 보고 또 보며 흥미가 있어 한다고 했다. 글자도 가나, 케냐, 미국을 쓰고 있었다. 집에서는 한글책을 펴놓았을 때, 그렇게 관심 없어 하더니. 자기가 좋아하는 것은 말하지 않아도 스스로 익혔다.

집에서도 볼 수 있도록 어린이집에서 좋아한다는 책을 주문했다. [세계수도 지도책 1,2권]은 아이들이 굵직하게 나라와 수도를 익히기에 안성맞춤이었다. 롤프라는 사슴과 꼬마 아이가 세계도시여행을 하면서 한 권 당 대략 10개, 2권을 통해 총 20개의 나라와 수도를 익혔다. 조금은 생소한 나라인 "남아프리카 공화국의 수도는 프리토리아."라고 자신 있게 이야기했다. 작은 아이를 따라 큰 아이도 잠자는 머리맡에서 함께 읽어주니 서로 정답을 먼저 말하겠다고 경쟁했다.

어린이집에서 추천받은 또 다른 책은 [노빈손의 세계도시탐험]이었다. 나라의 대표적인 건축물과 여러 상식을 배우기에 좋았다. 여기에 숨은그림찾기를 할 수 있는 부분도 있다. 개미 군단처럼 작고 빽빽하게 그려진 그림은 마치 '서울에서 김 서방 찾기'와 같았다. 눈이 빠져라 찾아도 정신이 혼미해지면서 못 찾은 것투성이다. '진정 숨은그림찾기를 위해 이렇게도 빼곡히 사람들을 그려놓을 수 있단 말인가?' 경이롭고 존경스러운 마음마저 들었다. 큰 아이와 작은 아이도 책을 펼쳐볼 때마다 샅샅이 찾았지만 1~2개 찾을까? 말까? 한 저조한 성적을 나타냈다. 책 중에서 작은 아이는 유독 영국의 타워브리지를 좋아했다. 아빠에게 가서 "영국에는 문이 열리는 다리가 있는데 이게 그 타워브리지야!"라고 그림책을 가리키며 귀에 딱지가 생기도록 설명했다.

[와당탕 세계나라 수도 보드게임]은 화룡점정이었다. 가나의 수도는 아크라, 네팔의 수도는 카트만두, 일본의 수도는 도쿄 등 60개 정도의 나라와 수도를 맞추는 게임

이다.

"잠깐만! 잠깐만! 생각날 것 같아! 제발. 기다려줘!"

"하나 둘 셋, 엄마 빨리 말해!"

"아 모르겠다. 초성이 뭐였더라? 앞 글자 한 글자라도 힌트 좀 줘!"

"ㄹ ㅇ ㅋ ㅂ ㅋ, 레로 시작해."

"레일 코....박코?"

"엄마, 대체 코를 왜 박는데? 레일캬비크잖아!"

떠오를 듯, 말 듯 한 기억 때문에 보드게임에서의 영웅이 순식간에 웃음거리로 전락한다.

모로코, 나이지리아, 아이슬란드 등 계속 헷갈리는 나라다. 가이드 책을 같이 보고 함께 공부했다. 모로코는 라바트, 나이지리아는 아부자, 아이슬란드는 레이캬비크. 지구본으로 누가 먼저 찾는지 경쟁하며 한 번 더 익혔다. 지구본을 통해서는 덩어리 형태, 즉 대륙의 개념을 익히기 좋았다.

옆에 있으면서도 아이의 관심을 놓칠 때가 많다. 어린이집 선생님의 조언으로 아이의 흥미가 무엇인지 알고 아이들과 더 신나게 노는 방법을 생각했다. 나도 아이들을 따라 세계 여러 나라를 공부했다. 이건 아이 공부가 엄마 공부로 이어지는 선순환이었다. 무엇보다도 작은 아이가 글자에 흥미를 느끼고 조금씩 익혀나가는 모습이 제일 큰 수확이었다. 한글책을 펴면 하품만 쩍쩍하더니, 보드게임과 책 그리고 지구본을 통해서는 글자를 재미있게 익혔다.

아이를 통해서 또 하나 배운다. 아무리 말려도 하고 싶어 하는 건 아이들도 알아서 한다. 스스로 흥미를 느낄 때까지 천천히 기다려 주는 것, 부모에게 가장 필요한 태도이다. 우선 불끈 불끈 튀어나오는 조급함부터 내려놓아야겠지만.

"오늘은 어느 나라를 써 볼래?"

05

초3, 최선도 중요하지만
친구 관계, 시험, 숙제의 고민

 큰 아이가 초등학교 3학년 때, 열정 가득한 선생님을 만났다. 학예회 발표 때 반 전체가 리코더 연주를 한다고 했다. 그 무대에 서기 위해 큰 아이는 가요 '사랑을 했다'를 반복해서 듣고 리코더로 계속 연습했다. 아이 숙제는 곧 엄마 숙제가 된다. 나는 밤이고 낮이고 "하나 둘 셋!" 뒤에 바로 노래를 틀어주며 박자를 맞췄다. 내가 리코더를 부는 것 같은 착각마저 들었다. 큰 아이는 열심히 연습했다. 수업이 끝나고 2명씩 선생님 앞에서 리코더 검사를 받았기 때문이다. 통과해야지 하교를 할 수 있었다. 피아노 학원에 가서도 리코더 지도를 받으며 부족한 부분들을 완성해 갔다.

학예회 때 반별로 모두 장기자랑에 참여하는 줄 알았다. 웬걸? 반 전체가 참여하는 경우는 큰 아이 반이 유일했다. 반 아이들은 많은 사람 앞이라 떨렸을 텐데 실수 없이 장기자랑을 잘 마쳤다. 그만큼 스파르타로 연습했다는 증거일 것이다.

선생님의 열정은 숙제와 시험으로 곧바로 나타났다. 받아쓰기는 매주, 영어 단어 시험과 수학 쪽지 시험은 단원마다 봤다. 숙제로 받아쓰기의 틀린 문제는 10번씩, 영어 단어 틀린 문제는 20번씩 쓰는 것과 3~4장 되는 수학 문제 풀이도 함께 내주었다. 무엇보다 이름을 깜박하고 안 적은 날에는 학교에 남아 100번씩 썼다. 하교하는 시간이 늦어지면 실수를 해서 이름을 쓰고 있다는 슬픈 소식을 전해왔다.

 큰 아이는 동그라미 맞는 개수에 연연하게 됐고 실수하면 어쩌나 불안해했다. 틀린 만큼 숙제는 늘어났는데 긴장한 탓에 실수까지 더해졌다. 가히 눈덩이처럼 불어난 숙제 더미에 나도 아이도 헐떡였다. 나 또한 열심히 최선을 다하는 과정이 중요하다고 말하면서도 최대 관심사는 역시 얼마만큼 맞고 틀리고의 개수였다.
 "오늘, 몇 개 틀렸어? 잘 풀었어? 실수 안 했어?"
 "열심히 공부했는데. 또 실수해서 3개나 더 틀렸어."
 이번 시험은 모르는 문제에 실수까지 더해져 최소 30번 이상은 써야 한다는 얘기다. 수학 문제집까지 풀면? 아! 오늘도 일찍 자긴 글렀다는 슬픈 소식에 하품을 연거푸 하며 내 눈가는 촉촉해졌다.

 나와 아이는 저녁마다 비상사태였다. 국어와 연계된 학습지는 이게 초등 3학년이 맞나 싶었다. 지문 길이와 서술 형태의 주관식은 제법 어려웠다. 큰 아이는 과목별 숙제에 틀린 받아쓰기와 영어 단어를 '세월아 네월아' 팔이 아프도록 썼다. 빨리 끝내고 싶은 마음에 내가 대신 써주고 싶었지만, 눈을 질끔감고 꾹 참고 기다렸다.

수학 익힘책 풀이는 머리를 싸매며 가르쳤다. 요즘은 수학 문제도 국어 문제처럼 3~4줄짜리 문장을 해석해야지 풀 수 있었다. 그냥 곱셈은 어찌어찌했는데, 문제에 적용하면 큰 아이의 손에 브레이크가 걸렸다. 다시 같이 한 줄씩 읽으며 '뜯고 맛보고 즐기고' 무한 반복했다. 문제 하나가 30분을 잡아먹었다. 앞으로 풀어야 할 문제는 까마득하고 나의 마음 또한 조급해졌다. 내 목소리는 사방팔방 갈라지며 제 갈 길을 가기로 한 듯하다.

'신이시여! 나에게 왜 이런 시련을? 대체 몇 번을 더 읽어주고 설명해야 한단 말이오?'

아이도 잘하고 싶었겠지만 조금씩 알듯 말듯 실수를 했다. 나의 감정도 오르락내리락 파도를 탔다. 정확히 알았으면 하는 마음이 간절했지만 큰 아이의 인내심도 바닥을 보였다.

"한 번만 더 풀어보고 끝내자!"

"이제 그만하자! 엄마는 왜 자꾸 끝낸다고 하고서 약속 안 지켜?"

급기야 울음을 터뜨리며 공부하기 싫다고 버럭 화를 냈다. 처음에는 엄마에게 잘한다며 칭찬받고 싶어서 열심히 했다. 진척이 더뎌 나도 점점 얼굴을 붉히며 언성을 높였다. 아이도 나도 고달팠다. 태블릿(온라인) 학습 외에 가기 싫다는 학원을 억지로라도 보내야 하나 고민됐다. 왜 사람들이 운전 연습과 자녀 공부는 가족끼리 하지 말라고 하는지 뼈저리게 느꼈다. 속 터짐의 연속이었다. 아이의 비위를 맞추기 위해 적절하게 "너무 잘하는데? 그렇지! 잘했어!"라는 추임새를 적재적소에 넣어줘야 했다. 아직 저학년이라 당근 요법이 필요한데 나도 지치니 말수가 저절로 줄어들었다.

담임 선생님과의 상담에서 학교 숙제와 쪽지 시험으로

힘든 점을 털어놓았다.

"선생님, 학교 숙제가 조금 많은 것 같아요. 틀린 문제 쓰기와 내주신 수학 문제집 풀이로 아이와 제가 조금 힘드네요. 혹시 쪽지 시험과 숙제량을 조금 조절해 주실 수 있나요? 저와 아이도 동그라미 개수에 계속 연연하고 벅차더라고요."

"어머님, 맞고 틀리고는 중요하지 않아요. 다만 영어 단어를 20번씩 내주는 이유는 좀 더 익숙해지길 원하는 차원에서 숙제를 내주는 거예요. 아이들의 이름 같은 경우, 실수하지 않아야 하는 부분이라 더 강조하는 거예요."

맞고 틀리고의 개수로 아이를 평가하는 것이 아니라고 하니 안도의 한숨이 나왔다. 틀린 문제 쓰기를 내주는 선생님의 의도가 무엇인지 알았기 때문이다. 그럼에도 아이의 시험 결과로 숙제량이 좌지우지된다는 점은 변함없었다. 결국 공부를 따라가는 것도 힘겨운 데, 시험은 계속 봐야 하고, 숙제는 또 엿가락 늘어나듯 감당해야 한다면? 아이에게 학교가 얼마나 버거울까?라는 생각에 미안함이 더해졌다.

 '학원을 여기저기 보내서라도 미리 선행했더라면 조금은 쉬웠을까?'

 2학기에 들어가서, 아이의 수학 익힘책은 너덜너덜해질 정도로 문제 풀이로 가득 채웠다. 그 노력 덕분인지 조금씩 수학에 자신감을 가지게 되었다. 친구들 사이에서 또래 교사(친구에게 선생님을 대신해 가르쳐주는 역할)가 되었다. 정규 수업이 끝나고서도 친구들의 수학 숙제를 돕고 싶다며 스스로 학교에 남기도 했다. 친구들이 서로 자기를 도와달라고 싸운다며, 인기 폭발이라며 으쓱했다. 1학기 내내 친구 관계에 어려움을 겪었던 아이가 맞나 싶었다. 이로써 친한 친구들이 많이 생겨났다. 가르치는 것에 재미를 느끼면서 친구들을 도와주는 것 또한 좋아했다.

 3학년 반 배정을 확인하고 친한 친구들과 다 다른 반이 됐다며 속상해했다. 처음에는 새로운 친구들을 사귀는 시간이 조금 걸리겠거니 대수롭지 않게 생각했다. 아이는 교실에 마음 둘 단짝 친구가 없다며 학교 갔다 오면 눈물을 쏟아냈다. 마음에 들지 않은 친구들 이야기로 가득했고 외롭고 힘겨워 보였다. 요즘엔 엄마들이 아이 친구까지 만들어 준다는데 난 그런 엄마가 되지 못해서 내심 미안했다. 나이가 들어도 여전히 사람을 사귀는 일도, 유지하는 일도 어려워진 나의 모습을 들킨 것 같아 마음이 '쿵' 내려앉았다. 그래서 더 아이가 시간이 지나도 친구들과의 관계를 풀어나가지 못할까 봐 조바심이 났는지도.

친구 문제로 새 학기에는 어려울 수 있다고 공감하면서도 어떤 위로도 되어 주지 못했다. 이 상황을 잘 극복해보자는 말과 좀 더 적극적으로 새로운 친구들에게 다가가 보라는 뻔한 말밖에 할 수 없었다. 또래 교사를 하면서 친구들과의 관계도 친밀해지고 몇몇 절친들이 생기면서 대인 관계의 어려움도 조금씩 해결되었다. 아이는 느리더라도 자신만의 속도로 해결 방법을 찾아간다는 걸 배워나갔다.

열정 가득하고 깐깐한 선생님을 만났다며 나와 아이는 1년 내내 힘들었다고 생각했다. 다른 반도 이렇게 숙제가 많은지 물어보았을 때 엄마들은 그런 담임 선생님을 만난 것을 내심 부러워했다. 저녁마다 마음을 다스리며 아이와 고군분투했던 뒷이야기는 모른 채.

지나고 나서야 그 선생님의 진심이 느껴졌다. 어쩌면 그렇게 열심을 내서 리코더를 연습했기에 지금 리코더 부는 일을 손쉽게 된 것처럼. 정작 숙제하느라 다른 학원 다닐 생각은 꿈도 못 꿨다. 열심을 내서 공부해서 친구를 도운 경험을 통해 '나는 필요한 존재'라는 좋은 자아상도 갖게 되었다. 선생님도 일일이 시험 문제를 만들고 숙제를 검사하며 아이들을 남게까지 하려면 힘이 들었을 텐데 처음부터 끝까지 한결같음을 유지했다.

4학년에 전학 오며 내심 걱정했다. 새로운 환경과 친구들 속에서 잘 지낼 수 있을지 말이다. 큰 아이는 예상외로 3학년 때 친구 관계의 어려움을 이겨낸 경험 탓인지, 여러 친구를 금방 사귀며 단짝도 만들었다. 또 1학기 부반장도 되었다. 매일 놀이터에 나가서 언니, 오빠, 동생, 또래 친구들과 노느라 너무 바쁜 몸이 되었다. 예전처럼 숙제하느라 열심히 공부하는 모습은 눈 뜨고 찾아보기 힘들다. 열정 가득했던 선생님이 다시 그리울 줄이야? 다만 새로운 친구들과 잘 지낸다는 것과 저녁마다 나의 시간이 생겨서 좋기는 하다.

"신나게 뛰어노느라 바쁜 딸! 엔간히(적당히) 좀 놀고 공부 좀 하지!"

06

TV 보려고 공부하는 아이들
공부하는 습관 만들기

 아이들은 태블릿(인터넷 학습기)으로 평일 조금씩 공부한다. 일주일에 한 번, 화상 전화로 문제를 풀며 잘 이해했는지 검사받는다. 큰 아이와 작은 아이 둘 다 하고 있으니, 식탁에 앉아 함께 공부하기 좋았다. 내가 교재를 고민하지 않아도 과목별로 객관식 문제와 서술형 형태로 나누어진 교재를 학기별로 받아 볼 수 있다. 다만 아이들이 문제 풀다가 이해 못 하면 나는 그 아이에게 온 신경이 쏠린다. 그러면 잘 풀고 있던 다른 한 명도 어렵다며 도와달라고 난리다. 아이들은 자기 공부량을 빨리 끝내고 싶은 마음이 앞선다. 즉, 잘 기다리지 못한다는 뜻이다. 샌드위치처럼 가운데 끼여 이러지도 저러지도 못하며 마음이 조급해진다. 이럴 땐 머리카락을 후하고 불면 분신이 여러 명 나타나는 '손오공'이 되고 싶다.

큰 아이의 태블릿 문제집으로 국어, 수학, 사회, 과학을 받았다. 영어는 학교마다 선택이 달라 문제집이 빠졌다. 대신 학기 초에 영어 출판사를 입력하고 진도대로 듣기는 가능했다. 큰 아이가 영어가 어렵다며 문제집을 사서 공부하고 싶다고 먼저 이야기를 꺼냈다. EBS 4학년 교재를 찾아보고 듣기를 중점적으로 하는 교재를 선택했다.

이제껏 태블릿에서 교과서 영어 수업을 듣고, 학교에서도 배우기 때문에 '어느 정도' 할 수 있다고 생각했다. 함께 문제집을 풀어보니 '나는 너무 공부에 무관심한 엄마

였나?' 마음이 복잡해졌다. 큰 아이는 몇 개의 알파벳과 d와 b 소문자의 구분도 자꾸 헷갈렸다. 또 문장 처음을 대문자로 쓰는 것도 생소해했다. 기초적인 단어의 뜻과 문장을 읽는 것도 부족함을 여실히 느꼈다. '학교 수업도 쉽지 않았겠구나.' 싶어 괜히 미안했다. 이제 초등 4학년이니 하루에 조금씩 그리고 꾸준히 하면서 영어가 익숙해지는 걸 목표로 같이 책을 폈다.

듣기 문제집이니 문제 몇 개 풀면 된다고 생각했고, 어렵지 않을 것으로 생각했다. QR코드를 입력해서 핸드폰으로 바로바로 영어 문제를 들었다. 처음에는 새로운 10개의 단어를 쓰고 익혔고 듣기 문제 20개를 풀었다. 다음에는 듣기를 다시 들으며 빈칸에 구멍 뚫린 단어를 채워 넣는다. 또 들려주는 문장을 통째로 쓰는 연습과 그 문장의 뜻도 써야 했다. 마지막으로 단어들의 열거된 조합을 나열해서 올바르게 통문장을 만드는 것으로 끝났다. 구성은 알찼지만, 기초가 부족한 아이와 하기에는 만만치 않았다.

"이거 한번 크게 읽어볼래?"

"..."

"하우스"

"하우..스 더 ..."

"하우스 더 워덜"

"하우스 더 워...덜?"

"하우스 더 워덜 투데이? (How's the weather today?)"

"하우스 더 워..덜 투....우..?"

나도 모르게 땅이 꺼져라 한숨을 쉬었다. 영어는 우리나라 말이 아니니 천천히 조금씩 해보자고 했던 마음에 폭풍우가 일었다. 큰 아이의 표정도 심상치 않았다. 입이 댓 발은 나와 있었고 알파벳도 신경질적으로 쓰고 있었다. 큰 아이의 기분이 왜 나쁜지 궁금하기보다 슬슬 화가 나는 마음이 커졌다.

"공부하기 싫어? 왜 그렇게 기분이 나쁜데?"

"...."

"너가 영어가 어렵다며 문제집 사서 풀어보고 싶다 해

서 같이 풀고 있잖아? 근데 왜 그렇게 기분 나쁜 투로 신경질 부리는데? 엄마도 할 일 많아. 네가 그냥 학원에서 배우겠다고 하면 보내줄 수 있어. 오늘은 책 덮자!"

아무 말도 못 하고 큰 아이는 눈물을 뚝뚝 흘렸다. 괜히 큰 아이가 말하기 기다리기보다 잔소리가 따발총으로 나갔나 싶어 머쓱했다.

"자꾸 모르는데 엄마가 계속 시키니까. 그렇잖아!"

"그럼 엄마한테 '이거 잘 모르겠으니, 한 번만 더 말해 주세요.'라고 말하면 되잖아? 엄마가 못한다고 혼낸 적 있어? 오늘은 공부 이걸로 끝내고 용돈 적립과 TV는 없어!"

큰 아이의 눈물은 멈추지 않았고 책을 덮고 자기 방으로 들어갔다.

어쩌면 큰 아이는 작은 아이 앞에서 창피당하는 게 싫었을 것 같다. 큰 아이도 '얼마나 잘하고 싶었을까? 잘되지 않아 답답했겠지?'라는 마음이 뒤늦게 밀려왔다. "잘한다! 너무 잘하고 있어!"라는 칭찬에 인색했던 나를 돌아봤다. 칭찬은 고래도 춤추게 한다고 하지 않는가? 지금은 진도를 정확하게 나가는 것보다 영어에 대한 긍정적인 경험을 쌓는 것이 우선이다. 물론 오늘의 공부는 저 멀리 물 건너갔지만.

1학년인 작은 아이는 태블릿을 풀 때, 덧셈과 뺄셈 하는 것을 서툴러 했다. 그래서 생각해 낸 것이 쉬운 주산 책을 아이에게 건네주었다. 전에 아이들에게 주산을 가르치려고 샀으나 풀지 않아 너무도 깨끗한 주산 책. 이제야 요긴하게 쓰임을 받는다. 작은 아이는 3~4개의 숫자를 더하거나 빼서 한 자릿수나 두 자릿수로 답이 나오는 문제를 풀었다. 처음에는 10문제 푸는데 소나기가 비 오듯 쏟아졌다. 한 자릿수의 합과 차는 어떻게 손가락으로 해보는데 두 자릿수가 넘어가니 자꾸 틀렸다.

몇 번 풀어보더니 점점 동그라미 개수가 늘었다. 옆에 조금 더 어려워지는 5개의 숫자의 덧셈과 뺄셈도 해 보겠다며 자진해서 풀었다. 더하고 빼고의 개념에 점점 익숙해지니 문제가 길어져도 셈을 잘 할 수 있었다.

"엄마, 이거 다 맞았어? 나 잘했지?"

"이야, 이제 덧셈과 뺄셈 엄청나게 잘하는데! 그래도 하루에 10문제씩 풀자."

역시 공부는 정직하다. 시간을 들여 노력하면 처음에는 어려웠던 부분들도 점점 쉽게 풀린다. 다만 학원에 맡기지 않고 집에서 공부시키려면 예리한 관찰력과 관심이 필요하다. 아이의 부족함을 찾아내 채워주어야 하니까. 자꾸 모른다는 부분이 어떤 부분인지 태블릿을 풀고 있을 때 '쓱' 한번 훑어봐야 하고, 도와달라고 할 때 어떤 부분에서 막히는지 잘 살펴보아야 한다. 역시 엄마는 엄청난 눈썰미의 소유자가 되어야 하고, 섬세하게 아이들의 필요를 채워야 한다. 꼼꼼한 내 성격이 이럴 땐, 딱 제격이다. 그래서 아이나 나나 몹시 피곤할 때도 종종 발생하지만.

아이들은 문제집을 다 풀고 나면 자신의 노트를 가져와서 용돈을 적립한다. 일명 큰 아이 적립 노트는 '옥돌 천사'이고 작은 아이 적립 노트는 '불의 아이'이다. 옥돌 천사와 불의 아이 노트 가져오라고 말하면 각자의 노트에 날짜와 함께 공부 이력과 용돈 금액을 쓴다. 상세하게 공부 가계부를 쓰는 것이다. 문제집 1장은 100원과 TV 시청 10분, 다 풀고 퀴즈 문제를 맞힐 때는 50원 추가와 TV 시청 5분이라는 규칙이 있다. 대개 아이들은 하루에 2~3장을 풀고 20~30분 정도 TV 시청을 확보한다. 물론 큰 아이와 작은 아이의 시간을 합치면 1시간가량 유튜브를 보던지 만화를 본다. 문제집과 적립 노트를 제자리에 꽂아놓음으로 40분~50분 정도의 공부를 마무리한다. 때로는 그날 TV를 보지 못하면, 다음 날 적립해놓았던 시간을 사용한다.

처음엔 몸을 비틀고 힘들어하더니, 이제는 열심히 TV 보려고 엄청난 집중력을 발휘한다. 계획대로 될 때도 있지만 어떤 날은 아이들이 힘들어할 때도 있다. 그럴 땐 오늘처럼 책을 덮는 과감함도 필요하다. 하기 싫은데 억지로 하는 건, 나에게도 아이에게도 좋을 게 하나 없으니까.

다만 아이들도 보상으로 받는 TV 시청과 몇백 원의 적립이 눈앞에서 사라진다는 걸 감수해야 한다. 언제나 선택은 아이들이 하도록 맡기지만 약간의 권유는 조금씩 한다. 보상의 달콤함에 스스로 자리에 앉기를 바라면서. 이럴 땐 유튜브가 그렇게 고마울 수가 없다.

"오늘은 1시간이야! 열심히 푼 자들이여! 자유를 맘껏 즐기도록!"

07

아이들 앞에서 19금 질문을
좌충우돌 반려 물고기 기르기

 아이들은 마트에 갈 때마다 구석에 자리 잡은 반려동물을 보러 갔다. 그곳에는 앵무새, 햄스터, 토끼, 장수하늘소, 사슴벌레, 거북이, 열대어 등 여러 동물이 있었다. 아이들은 구경하며 신기하고 좋아했지만, 새장과 어항 그리고 케이지 속에 갇힌 동물이 불쌍하다고 했다. 특히나 플라스틱 컵 안의 물고기는 자기 몸도 제대로 펴지 못하고 휘어져 보였다.

 아이들은 부쩍 강아지나 고양이를 키우게 해달라고 졸랐다. 나는 반려동물 키우는 것을 허락하지 않았다. 주변에서 다들 '애 하나 키우는 것'과 같아서 산책시키고 먹이고 씻기고 돌봐줘야 한다고 했다. 동물 병원 비용도 만만치 않아 한번 병원에 가면 몇만 원은 기본, 골절이라도 당하면 몇백만 원까지 생각해야 한단다. 여행을 갈 때도 신경 쓰이고 무엇보다 반려동물이 병들고 나이 들어 하늘나라로 갈 때의 마음 아픔도 상당하다고 했다.

 예쁠 때는 키우지만 마음에 들지 않으면 버려지는 유기견을 많이 보았다. 반려동물을 키우는데 '책임감'이 가장 중요하다고 아이들에게 재차 말했다. 나 또한 반려견과 반려묘를 아기 돌보듯 씻기고 챙겨줄 자신이 없었다. 깔끔한 성격은 아니지만, 털갈이할 때 빠지는 털들이 가장 마음에 쓰였다. 옷에 달라붙고 공기 중에 날리고 무엇보다 바닥에 여기저기 있는 모습은 말이다.

아이들에게 무조건 동물을 못 키우게 할 수 없었다. 그래서 지켜질 수 없는 조건을 내걸었다. '100일 동안 큰 아이와 작은 아이가 싸우지 않는다면' 무조건 사주겠다고 선언했다. 물론 경고 3번을 넘기면 아웃이 되는 형태였다. 처음 아이들은 싸우려다가도 "그러면 반려동물 없.." 말도 떨어지기 전에 싸움을 멈췄다. 정말 신기했다. 그만큼 아이들은 간절했다.

'이제 슬슬 싸울 때가 됐는데.' 일주일을 넘어가자 오히려 내가 불안해지기 시작했다. 설마 이러다가 100일을 채우는 건 아닌지 걱정이 될 정도였다. 아이들이 간절히 싸우길 바라기는 또 처음이었다. 다행히 아이들은 이주일을 채우지 못하고 싸웠고 나는 "이제 반려동물 없어!"라고 외치고 안도의 한숨을 쉬었다.

마트에서 장을 보고 아이들이 오지 않자, 동물들이 있는 곳으로 갔다. 그날따라 아이들은 물고기에 대해 이것저것 물어보며 설명을 듣고 있었다. 그러던 중 베타라는 물고기에 관심이 갔다. 서열 싸움이 심한 물고기라 합사(함께사는 것)가 불가능한 열대어였다. 심지어 암컷과 수컷이 같이 있을 수도 없다고 했다. 이때까지 물고기들은 떼지어 함께 생활한다고 생각했다. '암수가 같이 있지 않으면 종족 번식은 어떻게 한단 말인가?' 내가 더 궁금해져서 질문을 쏟아냈고 점원은 친절히 설명해 주었다.

"짝짓기하려면 각각의 암컷과 수컷 어항을 마주 보게 일주일 정도 놔두면서 적응시켜 줘야 해요. 그다음 잠깐 짝짓기하도록 합사를 시켜줘요. 짝짓기 후에는 다시 암수를 분리해 줘요."

"짝짓기 한지, 안 한 지 어떻게 아나요?"

나도 모르게 19금 질문까지 서슴지 않았다.

"암컷이 알을 낳으면, 수컷은 만들어 놓은 거품 집에 알을 물어다가 넣어요. 그런 행동을 보고 분리해 주면 돼요."

"알을 낳고 수컷을 다른 쪽으로 분리해 주는 건가요?"

"아니요. 베타는 수컷들이 알을 돌보고 키워요."

"아, 그래요? 수컷이 독박 육아하네요. 그럼, 얘가 암컷이에요? 수컷이에요?"

"이렇게 화려한 것이 수컷이에요. 지금 매장에 암컷이 없는데 실제로 보면 되게 밋밋해요. 그래서 가격도 수컷이 훨씬 비싸요."

"공기 방울 뽀글뽀글 나오는 것도 사줘야 하나요?"

"아니요. 베타는 자가 호흡을 해서 기포기는 필요하지 않아요."

이제껏 그렇게 단호했던 반려동물에 대한 신념이 순식간에 흔들렸다. 화려한 지느러미를 가진 베타의 움직임에 쏙 빠져들었다. 또 합사할 수 없어서 좁은 플라스틱 컵마다 베타가 한 마리씩 담겨있었다. 왠지 몸도 제대로 못 펴고 있는 것 같아 안쓰러웠다. 내심 아이들이 사달라고 졸라주길 원했다. 당장 이 베타를 데려가 좁은 컵 속에서 벗어나게 해 주고 싶었다. 내 눈빛을 읽었는지 남편은 "빨리 집에 가자. 그만 물어보고." 찬물을 끼얹었지만, 아이들과 나에게 들릴 리 없다. 가격은 얼마인지, 필요한 물품은 무엇인지, 무엇보다 어린이날 선물을 미리 해주는 것이라며 입을 맞추었다.

처음엔 만 사천 원인 베타 물고기 값만 생각했다. '이 정도는 뭐 괜찮지.' 했는데. 아이들의 물고기 취향이 달라 베타도 2마리를 골라야 했다. 결국 어항도 2개, 인조 돌도 2개를 각자 사다 보니 배보다 배꼽이 더 커지기 시작했다. 베타 먹이, 염소 중화제, 박테리아까지 어느새 십만 원 가까운 돈을 결제했다.

베타의 화려한 지느러미를 보고 있노라면 부드러운 움직임과 아름다움에 넋을 놓고 본다. 이렇게 암컷을 홀리며 종족 번식에 성공할 수 있구나 싶었다. 다행히 아이들은 강아지와 고양이 사달라는 말을 하지 않았다. 나는 무조건 반대했던 미안한 마음을 덜어낼 수 있었다. 무엇보다 목욕시키지 않아도 되고, 털도 빠지지 않으며, 배변 훈련에 고민하지 않아도 됐다. 다만 수질 관리를 잘 안 해주면 베타의 지느러미가 갈라지고 안 예뻐질 수 있다고 했다. 3~4일에 한 번씩 물을 받아 염소 중화제와 박테리아를 넣고 반나절 지나면 어항 물갈이를 해야 했다. 이 정도는 충분히 할만했다.

큰 아이가 고른 베타는 파란색이라서 블루베리의 뒷글자를 따서 '베리'가 되었고, 작은 아이는 희망이라는 단어가 좋다며 '희망이'라고 불렀다. 아이들은 거실 테이블에 베리와 희망이를 두었고 서로 이름을 부르며 먹이를 주었다. 밥을 주면 베리는 재빨리 헤엄쳐 와서 잘 먹었는데 희망이는 우리가 유심히 지켜보고 있다는 걸 아는지, 한참이나 지나 먹거나 잘 먹지 않았다. 확실히 베리는 먹는 족족 똥도 잘 쌌다. 똥 다발의 흔적이 여기저기 보였다. 희망이는 먹는 양이 적어서인지 똥의 양에도 베리에게 한참 밀렸다. 역시 사람이나 물고기나 뭐든 잘 먹어야 잘 싼다는 생각이 들었다.

작은 아이가 줄다리기 축제 때, 금붕어 잡기 체험을 했다. 끝난 후 금붕어 한 마리를 선택해서 가져갈 수 있었다. 동글동글 알 같은 산소 알갱이와 금붕어 먹이는 따로 판매했다. 먹이는 집에 있는 베타 밥을 주면 될 것 같았다. 또한 아이들이 금붕어 잡을 때 산소기가 없었는데 살아있는 걸 보면 산소 알갱이도 필요하지 않을 것 같아 구매하지 않았다. 그렇게 '달이'라는 금붕어까지 가족이 또 늘었다. 달이는 베타 밥도 잘 먹고 물 위까지 올라가 숨도 잘 쉬며 잘 지냈다.

"아이들이 그물망으로 잡아서 스트레스도 많이 받았을 텐데. 생각보다 잘 사네."

"그러게, 말이야. 그 산소 알갱이를 안 사서 하루 이틀 정도 지나면 죽을까 봐 걱정했는데. 다행히 잘 지내네."

일주일을 채워갈 때쯤, 달이는 하늘나라에 갔다. 인터넷에서 찾아보니 금붕어는 기포기나 여과기처럼 산소를 공급해 주는 장치가 필요하다고 되어 있었다. 물 위로 올라와서 호흡할 경우 산소가 부족하다는 신호고 물을 갈아주거나 기포기를 켜주어야 한다고 보았다. 돈 사천원을 아끼려고 산소 알갱이를 사지 않아 달이를 죽게 만든 것 같았다. 살짝 죄책감이 밀려왔다. 아이들이 학교에서 오기 전에 남편은 아파트 화단에 달이를 묻었다. 그날 아이들과 그곳에 가서 달이가 하늘나라에서 잘 지내주길 기도해 줬다. 달이와의 이별을 겪고 나서 물고기마다 다른 특징(자가 호흡이 가능한 물고기나 기포기가 꼭 필요한 물고기)을 잘 숙지하고 키워야 함을 반성하게 되었다.

 베타를 키운 지 2달이 넘어가는 시기, 희망이는 배 부분이 살짝 회색빛으로 변하기 시작했다. 그리고 옆으로 떠 있는 모습을 조금씩 보이더니 달이에 이어 하늘나라로 갔다. 2달이라는 시간 동안 정이 든 건지 달이 때보다 훨씬 더 마음이 이상했다. 아이들이 오기 전에 남편은 희망이도 화단에 묻어주었다. '작은 아이가 달이에 이어서 얼마나 마음의 상처가 클까?' 걱정되었다. 다행히 작은 아이는 "희망이가 왜? 진짜야?"를 반복하며 죽음을 조금씩 받아들였다. 그렇지만 종종 달이와 희망이 이야기를 꺼내며 묻힌 곳을 가보곤 했다.

 이제 우리 집에는 달이와 희망이의 어항이 치워지고 베리만이 거실 테이블을 지킨다. 큰 아이는 아침에 일어나서 물고기 밥을 주고 저녁 동안 잘 지냈는지 베리를 살핀다. 나는 3~4일에 하던 물갈이를 6~7일에 한 번씩 갈아주며 살짝 게으름을 피운다. 그렇지만 반려 물고기를 키우면서 집을 비울 때면 걱정이 앞선다. 3일 정도는 괜찮다고 해도 '얼마나 배고플까?' 감정이입이 된다. 강아지나 고양이처럼 물고기를 데리고 다닐 수 없으니까, 사람들이 말하는 반려동물 키우는 애로 상황을 경험한다.

베타의 수명은 평균적으로 2~3년이라고 한다. 우리 집에 오기 전, 얼마의 시간을 보냈는지는 모르지만 벌써 5개월 넘게 우리와 살았다. 그만큼 이별이 조금씩 가까워진다는 의미다. 달이나 희망이가 하늘나라에 간 것처럼 베리도 시간이 지나면 죽음을 맞이하게 될 것이다. 아이들은 2번의 죽음을 받아들였지만, 함께한 절대적인 시간만큼 그 파장 또한 대단할 것이라고 예상된다. 그러한 과정도 반려동물 키우는 과정임을 배워나가고 작은 생명도 소중히 여기는 아이들로 자라길 바란다.

"베리야, 건강하게 살아다오."

08

두 아이를 임신하고 낳으며 배운 것들
입덧, 임신소양증, 가족의 암 투병을 겪으며

 입덧도 유전이라 했던가? 엄마는 나를 임신했을 때 입덧으로 무척이나 고생했다고 들었다. 설마 했는데, 나의 입덧도 만만치 않았다. 밥상 앞에서 후각은 100배 예민해졌다. 남편은 냉장고 문을 열기 전, '긴급 대피령'을 내렸다. 나는 신속하게 안방으로 피신한다. 남편은 반찬 뚜껑을 열고 환기를 한번 시킨 다음, 냄새 퇴치를 성공적으로 마쳤다며 나를 불렀다. 뭔가 냄새 때문에 비위가 살짝이라도 건드려지는 순간, 나는 360도 롤러코스터를 탄다. 울렁거리고 메스꺼워 입을 틀어막고 화장실로 달려간다. 변기와 씨름 한판의 사투를 격렬하게도 벌인다. 천하장사 배지라도 걸려있는 것처럼. 먹는 것만큼 토해내다 보니 진이 빠지고 힘들었다. 그렇게 하고 싶었던 강제 다이어트가 저절로 이루어졌다.

"남편, 갑자기 딸기가 먹고 싶네. 아이스크림도 먹고 싶고. 절대 내가 아니고 아기가!"

임산부가 되면 배속 아기를 핑계 삼아 마음껏 먹는 행복한 상상을 했었다. 보기 좋게 산산이 부서졌다. 먹는 것이 더이상 행복하지 않았다. 아이를 위해서 뭐든지 잘 먹어야 했지만, 뒷감당이 두려웠다. 어떻게 이런 울렁거림을 견딜 수 있는지 입덧이 심한 임산부의 고충을 뼈저리게 느꼈다.

갑자기 모기 물린 것처럼. 크고 빨간 두드러기까지 온

몸에 일어났다. 산부인과에 달려가 링거를 맞고 대학병원에 가서 보습제와 약을 처방받았다. 임신으로 극심한 호르몬 변화와 면역력 저하로 나타날 수 있다고 했다. 일명 '임신소양증'이 의심되었다.

"산모님, 기형에 대한 위험성이 낮은 약으로 처방해서 효과는 바로 안 나타날 수 있어요. 약을 거부하면 태아에게도 스트레스가 그대로 전달돼요. 약 먹으면서 가려울 때는 미지근한 물로 샤워하고 보습제 꼼꼼히 발라주세요."

한번 간지러우면 모든 신경이 피부로 집중됐다. 거기에 긁지 말아야 한다는 강박도 추가됐다. 잘 때도 간지러워 긁다가 몇 번씩이나 깼다. 그렇지만 울면서 약 먹기를 멈췄다. 나의 간지럼 완화를 위해 약을 먹는다는 사실이 나를 더 불안하고 무섭게 만들었다.

'위험성이 낮은 거지, 아예 없는 건 아니잖아? 진짜 괜찮을까? 혹시, 이 약을 먹고 아이가 잘못되면 어쩌지?'

아기를 잠시 꺼내 놓고 치료를 마친 다음에, 배 속에 다시 집어넣고 싶었다. 할 수만 있다면 당장. 21세기에 그런 신기술이 개발되지 않았음에 원망스러웠다.

몸과 얼굴은 두드러기 천지였다. 외출은 더욱 꺼려졌고 진료가 있는 한여름에도 긴 팔, 긴바지, 모자까지 꽁꽁 싸매고 다녔다. 그 결과 비타민D 수치까지 낮아져 먹는 약을 처방받았다. 의사 선생님은 밖에 나가서 햇빛을 쏘이며 산책 좀 하라고 권유했다. 나는 역시 '말 잘 듣는 모범생'이다. 씩씩대면서도 걸으라고 하니 무작정 걸었다. 뜨거운 햇빛에 땀이 나면서 속상한 마음도 조금씩 누그러졌다. 건강한 다리가 있어서 이렇게 걷고, 지저귀는 새들의 소리를 들을 수 있음에. 시멘트 틈 사이로 강한 생명력을 자랑하는 꽃도 보았다. 어떻게 이 여리여리한 풀이 시멘트 바닥에서도 꽃을 피웠을까? 참 기특하고 대단하다는 생각이 들었다.

"이 힘든 시간도 지나갈 거라고. 너의 아이도 이렇게 잘 견뎌내고 있다고. 걱정하지 말라고."

살며시 말해 주는 것 같았다. 가려운 피부에만 집중하

느라 내가 가진 것을 너무도 당연하게 여겼구나 싶었다. 어쩌면 두드러기 가운데 아기와 나는 잘 견뎌내고 있었고 그것만으로도 감사해야 했다.

두드러기는 그렇게 3~4개월 동안 지독히도 나를 괴롭혔다. 출산 후 호르몬이 정상적으로 돌아오면 낫는 경우가 많은데, 다행히 조금씩 사라졌다. 마치 기적과도 같았다. 가려움으로 인한 고통에서 벗어나니 잠도 제대로 잘 수 있었다. 아기에게 미안한 마음도 덜어내며 배 속에서 태동하는 아기를 온전히 느꼈다. 이제야 내가 소중한 생명을 품고 있구나! 실감하며 몹시 감사했다. 어찌나 아기가 배 속에서 발로 차던지. 남편은 아기 축구화부터 장만해야겠다고 우스갯소리를 했다.

기쁨도 잠시, 시어머니는 다발성 골수종이라는 혈액암 판정을 받았다. 아주버님, 형님 그리고 시어른들과 의논하며 치료를 어떻게, 어디에서 받을지, 간병인을 어떻게 쓸지 결정해 나갔다. 시어머니가 형제가 있고 남편이 외동이 아닌 것에 감사했다. 아픔을 나눌 가족이 있다는 것은 흔들리고 요동치는 마음을 붙잡게 했다. 특히나 항암으로 입맛이 없는 시어머니를 위해 막내 이모님은 매일같이 반찬을 해오셨다. 간병인이 쉬는 주말을 대신해서 병간호도 서주셨다. 막달 직전까지 남편과 병원에 찾아다녔는데 항상 고생하고 애쓰고 있다며 격려도 많이 해주셨다.

시어머니는 힘든 치료를 받으면서도 이겨내려고 많이 애쓰셨다. 링거 줄을 달고 복도를 돌며 열심히 운동하셨다. 그렇지만 변비가 생기는 부작용으로 많이 고생하셨다. 쾌변이라도 한 날은 소녀처럼 기뻐했지만, 치료가 힘들거나 식사를 제대로 하지 못했을 때는 목소리가 좋지 않았다. 종일 마음이 쓰였지만 위로의 말 한마디 제대로 못 해 드린 것 같다. 한 번씩 시어머니가 차려 주신 정갈하고 맛있는 음식들이 생각날 때면, 그리움과 죄송함이 겹친다.

막달에 자궁경부(자궁 아랫부분으로 아이를 받쳐주는 근육) 길이가 짧아져 조산기 조짐이 보였다. 남편이 있을 때만 꼼짝없이 누워있으며 "물~ 과일~ 떡볶이~" 상전 노릇을 했다. 남편이 없을 때는 누워있는 것도 허리가 아프고 지루해서 요리조리 움직였던 것은 '쉿! 비밀'이다. 다행히 39주를 채우며 하늘의 별들이 쏟아지는 경험을 하며 아기를 낳았다.

엄마가 산후조리를 도와주셔서 집밥을 맘껏 먹었다. 미역국도 바지락 미역국, 돼지족 미역국, 소고기 미역국 등 질리지 않게 맛있게도 요리해주셨다. 상황에 따라 어떻게 할지 배우는 것도 좋았다. 그런데 앉아서 젖을 줄 때마다 회음부가 너무 아팠다. 실밥을 뽑으러 갔는데 실밥이 중간에 풀렸다며 다시 회음부를 꿰맸다. 임신 출산 카페에서 회음부를 재봉합하는 경우가 있다고 보기는 했다. '아이고 운도 지지리도 없네. 설마 나에게 일어나겠어? 그럴 확률은 대체 얼마나 될까?' 지나쳤다. 운명의 장난 같았다. 운도 지지리 없는 주인공은 내가 되었고, 재봉합 할 확률을 높이는 데 일조했다. 이렇게 될 줄 꿈에도 몰랐다.

둘째 임신 때는 3살인 첫째를 데리고 산부인과에 다녔다. 1~2시간을 같이 기다려야 할 때는 이리저리 돌아다니는 아이를 가만히 앉혀놓는 게 쉬운 일이 아니었다. 임신성 당뇨 재검사 때는 1시간 간격으로 4번의 채혈을 하고 결과를 기다릴 때 '시가나 친정이 가까워 잠시라도 맡길 수 있다면 얼마나 좋을까?' 싶었다. 무엇보다 입덧 속에서 첫 아이를 위한 음식을 만들 때는 엄마는 참 위대한 존재라고 생각했다.

둘째 출산 때에는 첫째를 낳아봤기 때문에 조금 쉬울 거라고 생각했다. 간호사도 요령이 있을 줄 알고 "아시죠? 힘주시면 돼요."하고 분만실로 나를 데려갔다. 알겠다고 했지만 '한 번의 출산 경험은 언제 적 일이고? 나는 여기 왜 있으며? 어느 지점에 힘줘야 할지?' 머릿속은 이미 새하얗게 변했다. 또 출산 직전에 심한 치질로 고생했다. 힘 줄 때마다 내 똥꼬에서 출산을 대신하는 것 같은 극심한 고통이 느껴졌다. 결국 의사 선생님은 내 힘으로는 아기를 낳기에 역부족이라는 빠른 판단을 내렸다. 간호사에게 내 배를 압박하도록 지시했고 나는 울고불고 소리를 지르며 출산을 끝낼 수 있었다.

출산 후 회음부가 잘 아물고 괜찮은지 보러 갔다. 다행히 회음부는 잘 아물었지만, 자궁에 피가 고이고 지혈이 되지 않아 처치를 받았다. 의사 선생님은 "다음 출산은 산모에게 너무 위험할 수 있어요. 그만 아이 낳으세요."라며 강제로 임신 종료를 통보했다.

임신과 출산 과정이 책 한 권이 술술 써질 만큼 현란했다. 이 두 명의 아이들이 더 소중하고 감사할 수밖에 없는 이유다. 마음을 졸이며 병원에 갔다가 건강하게 뛰는 심장 소리에 위안이 되었다. 아기가 배 속에서 자신의 존재를 알리며 발로 뻥뻥 찰 때는, 내 배가 뒤흔들려도 너무나 좋고 신기했다. 탯줄을 통해 나의 감정과 생각을 공유하며 아이와 하나가 된 것 같았다. 때론 남편이 시어머니 병간호로 집을 비울 때, 배 속 아기를 붙잡고 의지했던 기억도 난다. 내 안에 '내 편'을 붙들고 외롭고 힘든 시간을 견뎠다.

  시이모님들과 시외삼촌들, 사촌들도 계속해서 시어머니 병문안을 왔고 힘이 되어 주었다. 암 투병을 함께 나눌 가족이 있었기에 그 시간을 버텼다. 이런 과정을 통해 가족이 주는 힘과 위로를 배웠다. 넘어질 때 일으켜 세우고 위기 속에 더 단단해지라고 신은 우리에게 이렇게 많은 가족을 주었나 보다.
  "지독히도 불안하고 흔들렸던 감정들이 따뜻함으로 채워졌습니다. 그 시간 함께 견뎌주시고 보듬어 주셔서 너무나 감사합니다."

09

현실 육아, 힘들고 외로운 시간의 견딤
흔들리는 마음을 붙잡고 넘어져도 웃는 이유

4살 터울의 오빠가 있다. 나에게 핸드폰과 컴퓨터를 사주고, 때때로 용돈을 줄 만큼 재정적인 지원을 아끼지 않았다. 그럼에도 언니가 있는 친구들이 내심 부러웠다. 고민도 털어놓고 옷도 바꿔입고 친구처럼 팔짱 끼고 여기저기 돌아다니는 것을 볼 때면 말이다. 언젠가부터 외로울 틈 없는 시끌벅적한 가족을 꿈꿨고 아들 둘, 딸 둘, 도합

네 명의 아이를 낳고 싶었다.

 임신기간 동안 입덧과 임신소양증, 시어머님의 암판정, 임신성 당뇨 위험, 조산기를 경험했다. '마음 편히 보낸 적이 과연 얼마나 될까?' 싶다. 제발 아이만 건강히 낳게 해달라고 기도했고 아이를 출산하면 모든 것이 해결될 줄 알았다. 태교다운 태교를 못한 탓인지 아이는 예민했고 잠도 없었다. 육아는 임신에 비하면 이제야 본 게임이 시작되었음을 알려왔다. 멀리 있는 엄마 찬스도, 시어머님의 암 투병으로 인한 남편 부재도 당연히 받아들여야 했다. 몸은 힘들고 마음은 시시때때로 흔들렸으며 지독히도 외로웠다.

 남편은 주말에 간병인 역할을 했다. 시어머님의 항암 과정을 지켜보고 합병증으로 인해 염증 수치가 올라갈 때면 덩달아 긴장했다. 불편한 잠자리도 견뎠고 무엇보다 나의 눈치를 살폈다. 그런 마음을 알면서도 마음 편히 보내주지 못한 미안함과 매번 나만 독박 육아를 하는 것 같아 억울한 마음이 공존했다. 머리로는 시어머님께 신경 쓰는 것이 당연한 걸 알지만 마음으로는 자꾸만 나와 아이가 뒷전이 된 것 같아 서운했다. 계속해서 우는 아이를 혼자 보는 것과 누군가 옆에 있는 날은 육아의 힘듦이 하향 조절된다. 울면 번갈아 안아줄 수 있다는 것, 밥도 교대로 마음 편히 먹을 수 있다는 것, 1시간씩 교대로 낮잠도 잘 수 있다는 것만으로도.

초보 엄마인 나는 아이의 울음이 조금이라도 길어지면 큰일 나는 줄 알았다. 수수께끼를 풀 듯 울음의 원인을 찾아 헤맸다. 젖을 물리거나 기저귀와 체온을 확인했다. 멈추지 않을 때는 어찌할 바를 모르고 아이부터 안아 진정시켰다. 때마침 인터넷 카페에서 저녁마다 우는 아이 때문에 잠을 못 잔다는 하소연을 들었다. 마치 이웃들이 아이도 제대로 못 달래는 '무능한 엄마'로 볼까 봐 신경 쓰였다. 손목에는 손목 보호대가 어깨와 허리에는 파스를 도배하며 아이를 안고 업고 진땀을 뺐다. '잠투정이었구나' 하고 안도하며 내려놓는 순간, 아이의 등 센서는 놓치지 않고 반응했다. 포대기에 아이를 업은 채 엎드려 자기도 하고 아기띠를 하며 아이를 안은 채 소파에 기대 쪽잠을 잤다. 그 결과 만나는 사람마다 "어떻게 이렇게 뒤통수가 예쁠 수 있어?"라고 칭찬했다.

김치 3조각을 물에 말아 후루룩 먹을 때도, 청소하고 음식을 만들 때도, 아이와 나는 물아일체였다. 거울 앞에 덕지덕지 기름진 머리를 한, 잠도 못 자고 퀭한 나의 모습은 아이에게 내 인생 전부를 저당 잡힌 것 같았다. 억울하고 불편한 마음에 죄책감까지 더해졌다. 시간이 지나면 익숙해질 줄 알았던 울음소리는 매번 처음 듣는 것처럼 내 마음을 송두리째 흔들어 놨다. 아이 한 명도 이렇게 키우기 어려운데 아이 네 명을 낳겠다는 건 '비현실적인 희망 사항'임을 깨달았다. 결국 다둥이 엄마가 되고 싶다던 마음은 쏙 들어갔다.

소아과에 가려면 앞으로는 아이, 뒤로는 기저귀 가방이 나를 3인분으로 만들었다. 40분 이상 버스 타고서 진료를 보고 나면, 하루가 다 지나갔다. 이어폰 꽂고 노래를 들으며 덜컹거리는 소리 또한 좋았던 버스였다. 그 승차감이 이젠 낭만이 아니었다. 장날에 타면 사람에 치이고 물건에 치여 콩나물시루 속 콩나물이 되었다. 주기적으로 해야 하는 예방접종은 많았고 소아과는 저출산이라는 말이 무색하게 아이들로 넘쳐났다. 두 시간은 기본으로 기다렸다. 몸이 힘드니 마음도 지쳐갔고, 왜 아이를 안 낳으려고 하는지 이해 갔다.

언론에선 어린이집 교사가 의사소통이 안 되는 어린 아동을 학대했다며 떠들썩하게 보도했다. 육아서마다 36개월까지는 무조건 아이의 부모가 키워야 정서적인 안정감과 애착 형성에 좋다고 했다. 선배 육아맘들은 어린이집을 일찍 보내면 온갖 질병에 걸려 병원 다니느라 바쁘다고 난리였다. 이런 상황 속에서 전업주부인 나는 어린이집을 당연히 늦게 보내야 한다고 생각했다. 그러면서도 일찍 보내야 아이가 사회성에 좋다는 말에 덜컥 겁이 났다. 엄마도 숨 쉴 시간이 필요하지 않냐는 말과 엄마와 함께 있는 시간보다 질적으로 보내는 것이 더 낫지 않냐는 말에도 어떤 반박도 할 수 없었다. 늦게 어린이집을 보내겠다는 나의 소신은 상황에 따라, 조언에 따라 바람에 나부끼듯 흔들렸다.

 첫째 때는 36개월을 채우고 4살에 어린이집을 갔다. 둘째 때는 엄마의 삶도 중요하다고 생각해서 26개월이 지난 3살이 되어 어린이집에 갔다. 코로나로 인해 가는 날보다 안 가는 날이 더 많아졌다. 다른 반에 코로나 확진자가 나왔다는 문자가 날아 올 때는 가슴을 쓸어내렸다. 어린이집에서도 맞벌이 가정이나 특별히 긴급 보육이 필요한 경우만 신청을 받아 갈 수가 있었다. 보낼 명분도 사라졌다. 어린이집을 못 가고 지지고 볶고 싸우는 걸 바라보고 있노라면 코로나보다 이 상황이 더 무서웠다. 엄마의 삶도 중요하다던 나의 작은 결심과 외침은 코로나로 인해 무기한 연기되었다.

 끝나지 않을 것 같던 코로나도 이제 일상화되고 두 아이는 초등학생이 됐다. 아이를 키우는데 폭삭 늙어도 좋으니 시간아, 제발 빨리 좀 지나가라던 주문이 이루어졌다. 하루하루는 그렇게 힘들고 더디 갔는데 이상하게도 10년이라는 시간은 훌쩍 지나갔다. 여전히 아이들에게는 엄마 손이 필요하고 흰머리가 늘어난 만큼 새로운 고민도 마주한다. 건강하게만 자라달라던 나의 마음은 어느새 공부도 좀 잘해 줬으면 좋겠고, 대인 관계도 원만했으면 좋겠고, 좋아하는 것과 잘하는 것 하나쯤은 있었으면 좋겠다고 자꾸 욕심이 늘어난다.

시간이 지나고 보니 설거지나 청소를 도와주는 남편보다 "오늘 하루 애썼어!"라는 한마디와 "힘들었을 텐데 괜찮았어?"라는 안부가 더 고팠다. 아이와 고군분투했으니 왠지 하루 동안 힘들었음에 생색도 내고 싶고 공감받고 위로받고 싶었다. 남편은 나를 안중에도 없는 사람처럼 아이부터 안아보고 밀린 집안일을 했다. 집안일에도 아이에게도 남편의 우선순위에서 밀린 것 같아 외롭고 심통이 났다. 남편도 퇴근하고 쉬지도 않고 도와줬는데 "왜 고맙다는 말 한마디 없냐?"며 얼굴을 붉혔다. 어쩌면 하루가 고단했던 건 남편도 마찬가지였을 텐데. 나도 "당신도 피곤했을 텐데, 도와줘서 고마워."라는 말 한마디를 놓치고 있었다. 어쩌면 그때의 우리는 몸의 수고만큼 마음의 공감도 필요했는지 모른다.

아이를 키우는 것이 얼마나 외로운 싸움이고 몸과 마음이 지치는 일인지 안다. 그 시간을 버티고 견뎌내고 나니 아이가 얼마나 예쁜 존재고 행복과 감사의 통로인지 알게 됐다. 아이는 "엄마 사랑해."라고 수없이 말한다. 매번 부족한 엄마인 것 같아 자책하고 어떻게 키워야 할지 고민스러울 때도 "엄마도 우리에게 서툴러도 괜찮다고 했잖아. 엄마, 실수해도 괜찮아."라고 다독인다. 아이가 주는 사랑에 때론 흔들리는 마음을 붙잡고 넘어져도 웃을 수 있는 하루가 된다.

"어제도, 오늘도, 앞으로도 사랑해. 지금처럼 행복하고 건강하자."

01

하프마라톤 도전, 옆에서 부추기는 사람(상)
오래 멀리 달리려면 함께 달리기

2022년 7월. 코로나라는 상황은 변하지 않았다. 나는 집 밖을 외출하고 사람들을 만나는 것도 어색할 만큼 은둔 생활자가 되었다. 삶이 축축 처지는 것처럼 의욕도 없고 무기력했다. 띵동! 그동안 취소되었던 마라톤이 이제 개최됨과 접수를 알리는 문자를 받았다. 갑자기 가슴이 두근거렸다. 전환점이 될 것 같았고, 일단 나가서 뛰고 싶었다. 달릴 때는 숨이 턱턱 막히게 힘들어서 잡생각 따윈 할 수 없으니까. 흐르는 땀만큼 해냈다는 성취감으로 뿌듯하게 채워지니까. 그 기분을 다시 느껴보고 싶었다.

 대회가 아니더라도 출발선에 설 때면 언제나 두근거린다. 약간의 설렘과 긴장이 공존한다. 환하게 웃으며 계획한 만큼의 달리기를 끝낸 모습을 몇 번이고 상상한다. 물론 왜 이런 고생을 사서하고 있지라는 물음표가 던져질 때도 있다.

 당진마라톤을 99일 앞두고 10km를 접수했다. 죽이 되든 밥이 되든 최선을 다해보겠다는 나의 패기는 시간이 지날수록 '내가 할 수 있을까?' 의심과 걱정으로 바뀌었다. 오후 4시 반, 손수건과 모자만 챙기고 집을 나왔다. 두려움을 넘어서기 위해서는 일단 뛰어야 했다. 너무도 뜨거운 여름 햇살에 아스팔트 열기까지 더해졌다. 일명 사우나 체험이 따로 없었다. 숨을 헐떡헐떡이며 '이쯤 1km가 됐겠지!' 했지만, 계속 알람은 울리지 않았다. 스마트워치를 몇 번이나 확인했다. 흐르는 땀과 함께 심장과 폐는 갈기갈기 찢어지듯이 숨찼다. 결국 14분 정도 뛰고 선풍기 앞에서 1시간 동안 헉헉댔다. 마치 2km가 20km 같았다.

 새벽에 밝아오는 일출을 바라보며 달렸다. 부지런히 하루를 시작하는 것 같아 힘이 났다. 달리는 동안 '멋지게! 한번 해보자! 열심히 뛰다보면 조금씩 잘 할 수 있겠지.' 나를 응원했다. 어제의 나보다 나아지기 위해 달리기를 끝내고 운동 일지도 적었다. 성장하는 나의 모습에 기특하기도 했고 조급한 마음도 달랠 수 있었다. 뛸 때마다 300m, 500m, 1km 차곡차곡 거리를 늘려 갔다. 온전히 10km를 쉬지 않고 뛰었을 때는 가슴 벅찼다.

 변수는 존재했다. 남편이 코로나에 걸리고 가족들이 시간을 두고 차례차례 옮았다. 10일 이상을 쉬었다. 다시 시작해야 한다는 부담감 때문인지 호흡까지 엉망이 되었다. 조급함이라는 감정에도 휘둘렸다. 마음을 붙잡고 3km부터 다시 시작했다. 2~3km씩 다시 늘려 5km, 7km, 10km를 뛰었다. 결국 당진마라톤을 1시간 10분 45초로 완주했다. 썩 마음에 드는 기록은 아니었지만, 무사히 완주했다는 사실에 감사했다.

대회 후, 추운 겨울이 와도 훈련을 계속 이어갔다. 나보다 잘하는 남편과 훈련하니 자연적으로 속도도 빨라졌다. 둘이 달리니 더 멀리 갈 수 있었고 목표한 만큼 차근차근 쌓아갈 수 있었다. 열심을 내며 달리다 보니 어느새 겨울에서 봄으로 계절도 바뀌었다.

"20km 정도 장거리 한번 뛰어볼까?"
"14km가 적당해. 아직 나에겐 무리야."
"오랫만에 LSD(천천히 오랫동안 달리는 것) 훈련한다고 생각하고 천천히 한번 뛰어보자."
남편과 있으면 나는 어느새 스파르타로 훈련한다. 하기 싫은 날에도 등 떠밀려 강제 훈련을 하고 있다. 안된다고 했지만 해야만 한다는 걸 너무 잘 안다. 나는 뛰면서 되뇌었다.

'나는 할 수 있다고. 해야만 한다고. 오늘이 그런 날이라고'

2km를 6분 8초, 6분 18초로 달려 나갔다. 장거리를 생각해서 좀 더 속도를 줄였더니 3km 지점에는 6분 34초였다. 처음에는 이거 너무 늦게 달리는 건 아닌가 싶었다. 남편이 이 정도 속도로 달리는 건 괜찮다며 한번 끝까지 달려보자고 했다. 처음 10~15초 당기려다 나중에 5분 10분이 늦어지느니 초반에 힘을 비축해 놓았다가 막판에 끌어다 쓰자고 말했다.

오랜만에 달리는 게 좋았다. 이렇게 힘 빼고 뛴다면 진짜 20km까지 뛸 수 있을 것 같았다. 항상 잘 나오지도 않은 기록에 연연하며 달리다 보면 중노동처럼 느껴질 때가 있다. 천천히 뛰더라도 멀리 긴다고 생각하니 6분 35초 정도의 속도가 편하고 좋았다. 20~30초 천천히 달리는 기쁨이 문득 이거구나 싶었다. 목표한 바를 즐겁게 달성할 수 있을 것 같은 확신이 생겼다. 살랑이는 바람을 맞으니 시원하고 좋았다. 잘 뛰는 것도 중요하지만 즐겁게 뛴다는 경험의 합도 중요하다고 생각한다. 그래야 중간에 포기하지 않고 꾸준히 이어갈 수 있으니까.

처음에는 투덜대며 달렸는데 기록 걱정 없이, 잡념 없이 달림에 감사했다. 그렇게 8km 정도를 계속해서 달려 나갔고 제법 많이 왔음에 놀랐다. 뛰기 싫어지는 시점이 딱 8km 지점이었기 때문이다. 확실히 남편과 함께 뛰니 덜 힘들었고 의지도 되었으며 더 멀리 뛸 수 있었다.

열심을 내어 달리는데 14km 지점부터 골반이 삐걱거렸다. 속도를 줄여도 장거리는 오랜만이다 보니 몸에 조금씩 무리가 갔다. 나의 이런 힘듦을 노란 유채꽃들이 응원해 주는 것 같았다. 길가에 무리 지어 피어있는 유채꽃들을 달리면서 볼 수 있음이 좋았다. 벚꽃이 지니 이제 유채꽃이 피어나며 또 다른 아름다움을 뽐냈다. 다 저마다의 꽃피는 시기가 있듯이 사람도 저마다의 시간과 시기가 있는 듯하다. 지금 나는 천천히 내 삶에 꽃을 피우며 달리고 있다. 이 순간만큼은 누구의 엄마, 누구의 아내가 아닌 오롯한 내가 되는 시간이다.

갈수록 6분 40초 정도까지 처졌지만 잘 유지하며 나아갔다. 19km 지점부터 배까지 당겨왔다. 진짜 얼마 안 남았는데 여기서 멈추기에는 너무 아쉬울 것 같았다. 허벅지에서도 많이 뛰었음을 알리는 묵직한 신호들을 보냈다.
'진짜 거의 다 왔어! 2km 정도만 뛰면 진짜 꿈만 같았던 하프 거리를 뛴다고!'
남은 힘을 쥐어짜서라도 좀 더 힘을 내야 했다.

21km의 알람이 울리고 100m 정도를 더 달렸을 때는 해냈다는 생각과 함께 짜릿함이 전율처럼 느껴졌다. 공식 기록은 아니지만, 나에게 하프 거리를 뛰어봤다는 사실만으로도 가슴 벅차올랐다. 이제야 스마트워치를 끄고 멈출 수 있다는 기쁨도 몰려왔다. 훈장처럼 온몸에 뻐근함과 피로감도 구름떼처럼 몰려왔다. 아무리 천천히 달린다 해

도 장거리는 힘들다. 그럼에도 막연하기만 했던 거리를 뛰어봤음에 작은 희망이 생겼다. 꾸준히 달려 나갈 작은 동기, 원동력을 얻었다. 최장 거리와 하프 기록을 세웠다며 스마트워치에서 연달아 기분 좋은 알람이 울려댄다.

02

하프마라톤 도전, 옆에서 부추기는 사람(하)
완벽한 때를 기다리기보단 저지르기

보성 마라톤 하프(21.0975km)를 접수했다. 남편은 자꾸 '약장수'처럼 자기만 믿고 따라오라고 한다. 말릴 틈도 없이. 내 마음이 바뀔세라 무통장입금까지 일사천리로 진행했다. 역시 남편은 추진력 높은 사람이고 나는 눈 뜨고도 코 베인 양 얼떨떨하고 믿기지 않았다.

"18일 남은 시점에 하프를 뛴다고? 내가 할 수 있을까?"

"걱정하지 마. 할 수 있어, 완주는 가능할 거야."

나는 걱정스레 말하고 남편은 몇 번이고 괜찮다고 안심시켰다.

'이게 열심히 뛰어보겠다고 다짐하고 의지를 활활 불태운다고 될 일이야? 하루아침에 갑자기 잘 달릴 수 있는 것도 아닌데. 내가 과연 잘 될 수 있을까?'

아무리 기록이 아닌 완주가 목표라지만 첫 하프는 충분히 연습하고 확신이 찼을 때 뛰고 싶었다. 번갯불에 콩 구워 먹듯이 준비도 덜 된 채 뛰어야 한다니, 계속 걱정이 앞서 잠이 안 올 정도였다. 한편으로는 이렇게 저지르지 않고서 언제 뛰어보겠나 싶었다. 100%로 준비될 때까지 기다린다면 나는 평생 대회에 나가지 못할 테니까.

3번의 하프 거리를 뛰어보며 최종 연습을 마쳤다. 대회를 일주일 앞두고 남편과 등산을 갔다. 작은 의견 충돌로 불만 가득 안고서 장작 4시간 동안 오르락내리락을 반복했다. 산에 오르며 마음의 불편함은 덜어냈지만, 몸의 불편함이 시작되었다. 갑자기 안 쓰던 근육에 무리가 갔는지 탈이 났다. 다음날부터 종아리에 극심한 고통이 느껴졌고 걸을 때마다 찌릿찌릿 욱신거려 절뚝거렸다. 대회 전날까지 마음 졸이며 뭉친 근육을 풀어주었다. 자신 없었던 마음에 뛸 수 있을지 없을지에 대한 불안까지 더해졌다.

 대횟날, 아침부터 비가 내렸다. 빗줄기가 굵어질까 걱정했는데 다행히 이슬비였다. 대회 중간중간 시원하게 해주는 스프링클러 역할을 톡톡히 했다. 다행히 아픈 종아리도 회복되었다. 풀코스 주자들과 함께 하프 주자들도 출발선에 섰다. 처음에는 걱정이 앞섰지만, 사람들의 열기와 열정으로 인해 후끈 달아오르는 분위기를 느꼈다. 완주의 꿈을 위해 한 걸음씩 내딛던 때가 스쳐 지나갔다. 이제 결전의 시간이다. 온 힘을 다해 숫자를 외쳤고 모두 하나가 된 것 같았다.
 "5 4 3 2 1 땡"

대회만이 주는 긴장과 떨림을 안고 출발선을 지나갔다. 우르르 사람들이 몰려가니 평소보다 초반 페이스가 10~15초 빠른 5분 55초대가 나왔다. 처음에 오버페이스 하지 않으려고 속도를 낮추고 스마트워치을 확인하며 나아갔다. 5km 지점에서 물을 마시고 6km 지점부터 2시간 10분 페이스메이커(기준이 되는 속도를 만드는 선수)를 만나 무리를 지어 따라갔다. 함께 뛰고 있다고 생각하니 힘이 났다. 반환점을 돌면서 내리막길이라 속도를 내는 페이스메이커를 놓치지 않으려 애썼다. 그런데 평지가 되어서도 페이스메이커는 속도를 줄이지 않았고 점점 거리는 멀어져만 갔다.

16km가 지나자 페이스메이커는 이제 보이지 않았다. 그때부터 심리적으로 흔들리기 시작했다. 달리는 것이 고통 그 자체였다. 나지막한 오르막에도 눈앞이 캄캄해지고 '지금 당장' 포기하고 싶었다. 걷고 싶은 마음은 내 팔과 다리에 정직하게 반영되었다. 살며시 속도를 줄였다. "우리 연습했던 거야. 걷지는 말자." 남편은 '관심법(상대의

몸가짐이나 표정, 얼굴 근육의 움직임 따위로 속마음을 알아내는 기술)'이라도 발휘하듯 내 마음을 읽었다. 순간 뜨끔해서 속도를 줄이려다가 다시 뛰었다. "파이팅"을 연신 외치는 남편의 목소리가 점점 희미하게 들렸다.

'나는 여기서 왜? 뛰고 있지? 이걸 완주하면 누가 맛난 것이라도 준단 말인가? 걸어가면 남편에게 눈치가 보이고 끝나고 나서 평생 구박을 받을지라도. 에라 모르겠다! 나는 그냥 걸어 갈랐다.'

달콤한 유혹에 타협하니, 스마트워치에선 페이스가 7분이 넘어가고 있음을 알렸다.

불과 몇십 분 전, 반환점을 돌아 마주 달리던 사람들을 보며 다짐했었다. '좀 더 열심히 달려 쫓아갈 거라고!' 마음처럼 되지 않자 한없이 무너져 내리는 나 자신과 마주했다. 이를 악물고 빨리 끝내겠다는 마음으로 다시 달렸다. 모든 힘듦을 내가 짊어지고 있는 것처럼 오만상을 찌푸리며 제발 좀 끝나길 간절히 기도했다. 드디어 그렇게 멀게만 느껴졌던 결승선을 통과했다. 한참이나 헉헉대며

숨을 고르느라 정신이 없었다. 결승선을 이렇게 들어와 버리다니 허무하기까지 했다. 내가 꿈꾸는 마지막 모습은 웃으면서 손을 흔들고 기뻐 소리치며 들어오는 것이었는데. 역시 인생은 계획대로 되지 않는다.

하프마라톤 첫 도전, 그 막연하고 두려운 감정을 이겨내고 다행히 완주했다. 2시간 10분 31초, 딱 연습했던 만큼의 결과다. 완주했다는 안도감과 드디어 끝났다는 시원섭섭함이 교차했다. 연습 부족을 실감했고 대회 전에 무리한 등산이나 운동은 삼가야겠다고 크게 깨달았다.

다음날 보성마라톤 홈페이지를 조회해보니 유튜브 영상이 있었다. 카메라에 잡힌 모습이 종종 보였다. 남편이 카메라에 손을 흔들라는 말에 기억은 나지 않지만, 인상을 쓰면서도 손을 흔들고 있었다. 페이스메이커와 같이 뛰고 있는 모습, 결승선에 들어오는 모습 등을 보니 코끝이 찡했다. 달릴 때의 그 힘듦이 느껴지자 다시 뛰고 있는 듯한 착각마저 들었다. 물론 그 나름대로 최선이었겠지만 뒷심이 부족해서 아쉬움도 많이 남았다.

 '아! 저 때 진짜 힘들었는데. 그래도 포기하지 말고 좀 더 열심히 뛸 걸 그랬네.'

 성별 전체 순위와 연대별 순위를 무심코 봤다. 남자 1등이 60대에서 나왔다는 것에 정말 놀랐다. 60대에도 서브3(풀코스를 3시간 안에 들어오는 것)를 할 수 있다는 것은 알았지만 1등이라니 신선한 충격이었다. 젊은 20대, 30대, 40대를 넘어서기 위해 얼마나 자신을 단련하고 훈련했을까 싶었다. 풀코스를 완주한 70대 할아버지도 있었다. 꾸준히 준비해서 언젠가 나도 풀코스에 도전해 보고 싶었다.

 30대 여자에게 주는 연대별 시상을 보고 내 눈을 의심했다. 30대 여자 하프마라톤 1등에 내 이름이 있었다.
 '어? 이거 뭐지? 나 상 받을 정도로 잘 달린 거야?'
 순간 우쭐했다. 30대에 2등을 보니 1분 정도 차이가 났다. 그런데 어? 3등이 없었다. 알고 보니 30대 여자는 2명이 완주했다. 운 좋게도 1분 차이로 1등 트로피를 받게 되었다. '누가 보면 달리기를 엄청나게 잘하는 줄 알겠네!' 헛웃음이 나왔지만, 기분은 좋았다. 상 받기에는 몹시 부끄럽지만, 하프마라톤 첫 완주에 받는 작은 선물 같았다. 포기하지 않고 완주해 준 '내 다리'가 무척 자랑스러웠다. 무엇보다 함께 달려준 남편, 대회 3주 전 갑자기 하프를 뛰어보자고 부추겨줘서 진심으로 고마웠다.

사람들은 마라톤을 한다고 하면 '왜 이렇게 힘든 걸 하냐?'며 이해하지 못한다. 힘드니깐 달린다고 말한다. 뛰고 있는 순간에 집중하게 되니까. 조금 전까지 나를 괴롭히던 고민과 걱정이 조금 견딜 만해진다. 거친 숨을 내뱉고 전진하려면, 달리는 것 말고 아무 생각이 나지 않는다. 뛰기 전에는 턱까지 나를 옥죄여오던 문제들로 잠식될 것 같은데, 뛰고 나면 '이렇게 죽을둥살둥 달리기도 했는데 한번 이겨내 보자!'는 작은 용기가 생긴다. 나를 다독이며 힘듦은 힘듦으로 맞받아친다. 결과는 홈런이 따로 없다.

이렇게 트로피까지 받는 행운 또한 나에게 주어진 걸 보니, 계속해서 달리라는 하늘의 뜻인 듯하다. 달리는 삶을 통해 내 안의 문제들을 가볍게 보는 법을 배웠고, 가슴 벅찬 삶을 살게 되었다. 이 트로피는 우리 집 가보로 대대손손 물려줄 예정이다. 그리고 지치고 힘들 때, 한 번씩 꺼내 보려고 한다. 산삼을 먹은 것처럼 힘내길 바라면서.

"다시 열심을 내서 달려야겠군! 다음에는 풀코스 콜?"

03

마늘산과 파 더미 임무 수행 완료
'강철부대2'를 보며 단순 노동 즐기기

 매일 국을 끓이고 반찬을 하다 보니, 간 마늘이 바닥을 보였다. 엄마에게 보내 달라고 하자니 괜히 미안한 마음이 들었다. 일 끝나고 마늘 손질까지 하는 엄마의 수고로움이 눈에 선했기 때문이다. 시장에 가봐야 하나 고민하던 차에 마트에서 통마늘을 할인했다.
 "남편, 이거 3,000원이나 할인해! 이거 두 망 사면 한동

안은 마늘 걱정 없겠는데?"

"이걸 어떻게 다 까려고? 그냥 한 망만 사면 안 돼?"

"금방 까. 걱정하지 마. 내가 많이 까봤어. 이 정도는 일도 아니야!"

나는 두 팔로 들기에도 묵직한 마늘 두 망을 저렴하게 샀다며 기뻐했다.

마늘을 쟁반에 펼쳐 놓자 사태를 실감했다. 조각조각 통마늘을 분해하는데 끝이 없었다. 할인에 눈이 멀어 호기롭게 두 망을 샀던 나 자신이 원망스러웠다. 양이 많아서인지 분해된 마늘산과 껍질 산은 우뚝 솟은 두 봉우리를 이루었다. 물에 담가 놓으면 껍질 까기가 더 수월해져서 분해한 마늘을 물에 10~20분 담갔다. 5월이 제철인 햇마늘이라 그런지 꼭지를 칼로 제거하지 않아도 잘 까졌다. 옆에 TV를 보고 있던 남편은 나의 눈치를 살폈다.

"그러니깐 한 망만 사라니깐, 마음 편히 TV도 못 보겠네."

투덜대며 마늘과 쪽파 손질에 합류했다. 까고 다듬고 까고 다듬는 공장이 쉴 새 없이 돌아갔다.

전에 인터넷으로 마늘을 주문해서 깐 적이 있다. 처음 까고 믹서기로 갈 때는 몰랐는데, 시간이 지나자 간 마늘이 연녹색으로 변해서 깜짝 놀란 적이 있다. 알고 보니 마늘이 나오는 5~6월 시기가 아니면 저장 마늘을 판매하는 거였다. 마늘을 저장하는 과정에서 산소와 접촉하게 되고 이는 엽록소가 생성되어 변색이 일어나는 것이다. 먹어도 괜찮지만, 미관상 보기에는 좋지 않았다. 그런 시행착오를 겪으니 마늘이 나오는 시기를 알게 되었고 마늘을 구매할 때 햇마늘인지를 확인했다.

단순 노동에는 TV가 제격이라 [강철부대2] 재방송을 틀었다. 우리나라에 여러 부대가 있다는 것과 부대마다 특수한 임무가 있음을 알게 되었다. 해병대(특수수색대)나 특전사(육군 특수전사령부)는 많이 들어봤지만 SDT(군사경찰 특임대), UDT(해군 특수전전단), SART(공군 특수탐색구조대대), SSU(해군 해난구조전대), HID(국군정보사령부 특임대), 707(제707 특수임무단)같은 생소한 부대들의 모습도 신기했다. 특히나 군복이 아닌 양복 정장을 입은 정보사 HID는 또 다른 매력이 있었다.

여자들의 육아 무용담처럼 남자들의 군대 생활을 보니 없던 전우애도 느껴졌다. 사격하는 걸 지켜볼 때는 나도 덩달아 긴장하며 까던 마늘을 놓쳤다. 예상과 다르게 참호격투의 승자가 바뀔 때는 통마늘의 머리채를 붙잡고 결과를 지켜봤다. 역시 길고 짧은 건 대봐야 안다는 말을 실감했다. 예상했던 결과가 나왔을 때는 "역시 그러면 그렇지!"라는 감탄사가 절로 나왔다. 이 정도 분량은 일도 아니라고 큰소리쳤는데 자꾸 마늘 까는 손이 멈췄다. 부대마다 자부심도 볼 수 있었고 경쟁하는 묘미가 있었다. 남자들이 왜 군대 이야기에 열을 올리는지 이해 갔다.

탈락 확정 후에도 미션을 끝까지 수행하는 모습을 볼 때는 뭉클함이 있었다. 갑자기 이런 군인 정신으로 우리나라를 지키고 있구나 싶어 눈물이 찔끔 났다. 남편이 뭐라고 하기도 전에 "마늘 때문에 그런 거야. 우는 것 아니라고!" 선수 쳤다. 남편은 내가 우는 것은 안중에도 없고 열심히 부연 설명을 하느라 마늘 까는 손만큼이나 입이 바삐 움직였다. 경기를 통해 베네핏을 얻은 팀과 탈락 미션이 나눠질 때는 희비가 교차 됐다. 안타깝게도 시즌1에서 준우승했던 SSU(해군 해난구조전대)가 탈락했다. 탈락 후 자신의 부대의 동료와 선배들에게 미안해하며 눈물을 흘렸다. 그 작은 어깨에 짊어진 부담감이 그대로 느껴졌다.

강철부대2를 보면서 열심히 파도 다듬었더니 어느새 한 움큼 다듬어졌다. 지글지글 맛있는 파전을 해 먹으면 좋겠다는 생각에 군침이 절로 나왔다. 마늘은 옷을 벗으니 반질반질 예쁜 밤알처럼 빛났다. 한 바가지 가득 마늘이 나왔음에도 아직도 남은 양이 만만치 않았다. 임무를 빨리 끝내버려야 한다는 생각에 열심히 까고 또 깠지만, 속도가 나지 않았다. TV를 보다 마늘과 파 머리를 붙들고 삼천포로 빠지기 일쑤였기 때문이다.

파가 가지런한 모습으로 다듬어지고 깐마늘이 영롱한 자태를 뽐낼 때는 '파와 마늘이 이리 예쁠 수 있을까?'라는 착각마저 들었다. 노동의 결과물이 정직하게 바로바로 나온다는 점은 단순 노동이 주는 장점이다.

어느새 어깨와 허리에는 노동의 대가가 나타났다. 뻐근함과 함께 "아이고! 아이고!" 곡소리가 절로 나왔다. 관절에서는 두둑 두둑 소리가 났고 어깨에는 오십견이 강림하기 일보 직전이었다. 허리는 마치 화석처럼 굳어져 펴지지 않았다. 손톱에는 시꺼먼 흙들이 훈장처럼 자리매김했다. 두 손 가득, 모락모락 그윽한 마늘 내음과 파 냄새가 향연을 이루었다.

믹서기에 갈기 위해 마늘을 깨끗하게 물로 씻어 물기를 뺐다. 깔 때는 몇 시간씩 들였는데 막상 믹서기로 갈 때는 윙 소리와 함께 10분이면 끝났다. '이렇게 빨리 끝날 줄이야!' 왠지 모르게 허무한 마음과 배신감마저 들었다.

이틀에 걸쳐 마늘산과 파 더미를 해치우고 나서야 남편과 나는 해방감과 뿌듯함을 느꼈다. 이 단순노동이 이틀이니 재밌지 매일 한다면 얼마나 힘들까? 라는 생각은 덤이었다. 개미가 겨울 준비를 위해 열심히 일했다는 [개미와 베짱이] 이야기처럼 월동 준비를 마친 것마냥 든든했다. 마늘은 요리할 때 없어서는 안 되는 재료니까 6~7개월 정도는 걱정 없이 요리할 것 같다. 반찬통 5개 분량의 간 마늘은 곧바로 냉동실로 직행했다.

　문득 농사지은 마늘을 오빠네와 우리, 부모님이 쓸 분량을 까기 위해 얼마나 많은 노동의 시간을 보냈을지 미안함과 감사함이 교차했다. 냉동고에 얼려진 간 마늘을 맡겨놓은 거처럼 날름 받아 왔던 지난날이 생각났다. 간 마늘에 담긴 숨은 정성을 온전히 느끼는 시간이었다. 농사지은 채소나 곡식들을 주실 때 감사한 마음으로 요리해 먹어야겠다. 오랜만에 안부 인사를 드리고.
　"마늘을 온종일 까보니까. 엄마와 아빠 허리와 어깨에 왜 그리도 파스가 떠나질 않았는지 알겠더라고. 항상 감사하고 사랑합니다."

04

'내' 부족함과 결핍을 채우는 시간
열정의 온도를 높이는 피아노 연습

　나는 세상이 인정한 음치다. 남들 앞에서 노래를 부르는 음악 시간이 가장 싫었다. 피아노를 못 배웠기 때문에 콩나물 대가리(음표)를 봐도 뭔지 몰랐다. 일명 음악계의 까막눈이다. 친구들이 노래방에 가자고 하면 거절하지 못하고 따라갔다. '나를 시키면 어쩌지?' 심장이 벌렁벌렁 뛰고 손발까지 긴장됐다. 친구 여럿에 파묻혀 한 소절 부르고는 조용히 구석으로 내 존재를 감췄다. 마치 보호색을 띠며 벽이 되고 싶었다. 한 공간에 있지만, 신경 쓰지 않아도 되는.

모두 흥에 넘쳐 노래하고 소리 지르며 학업에 대한 스트레스를 풀었다. 나만 예외였다. 친구들이 시키는 것도 아닌데 노래 한 곡절을 해야 할 것 같은 무언의 압박을 느꼈다. 시간이 빨리 가기를 손꼽아 기다렸지만, 노래방 사장님은 자꾸 보너스 시간을 넣어주었다. '이 한 곡만 버티면 여길 벗어날 수 있었는데.' 10분 뒤, 또 10분 뒤로 자꾸 미뤄진다. 나는 점점 절망하며 애꿎은 탬버린만 연신 흔들어댄다. n분의 1로 나눈 노래방비를 뽑아야 하니깐.

큰 아이를 피아노 학원에 보냈다. 음악에 대한 한을 큰 아이가 대신 풀어주길 바랐다. 큰 아이는 학원에 다녀와서 중고로 산 3만 원짜리 전자피아노를 뚱땅뚱땅 쳤다. 나는 그저 신기하고 내가 치는 것처럼 뿌듯했다. 큰 아이는 중간에 멈칫 멈춰 설 때도 있지만 이리저리 검은 건반도 몇 개 누르며 연주했다. 그 작은 두 손으로 피아노를 휘젓는 모습을 볼 때, '베토벤과 모차르트 저리 가라.'였다. 큰 아이는 피아노를 칠 때마다 넋을 놓고 감탄하는 엄마를 보았다. 그래서 더 열심히 연습하는 모습을 보여줬는지도 모른다.

남편이 먼저 큰 아이에게서 피아노 기초를 배웠다. 바이엘 1권을 펴고 아이가 알려 준 대로 뚱땅뚱땅 연습했다. 한 번도 아이에게 배워보겠다고 생각해 본 적 없었다. 피아노는 피아노 학원에서만 배우는 것이라 여겼다. '악기 하나쯤 배우면 얼마나 좋을까?' 마음만 있었지. 실천으로 옮기지 않았다. 남편이 대단하다고 생각하면서도 '저러다 말겠지.' 싶었다. 며칠씩 연습하는 모습을 보니. 나도 배워보고 싶어 용기를 냈고 아이에게 가르침을 받는 학생이 되었다. 큰 아이는 2명의 제자를 가르치는 '피아노 선생님'이 되었다. 이를 무척이나 신나 했다.

3만 원짜리 중고 피아노는 많이 쳐서인지 검은 건반이

뛰쳐나갔다. 제 임무를 마쳤으니 이제 좀 쉬게 해달라는 신호를 보냈다. 큰마음 먹고 거실에 값이 제법 나가는 새 전자피아노를 들였다. 처음에는 아이가 피아노를 계속 치기를 원하는 마음에서 들였는데, 이제는 내가 제일 많이 앉아 있다. 문화예술학교에서 성인 전자피아노 기초를 수강하기 때문에.

바이엘을 치다가 모르면 아이를 불렀다. 어떻게 치는지 시범을 보여달라거나 내가 맞게 치고 있는지 지켜봐달라고 했다. 귀찮을 법도 한데 아이는 조곤조곤 선생님 노릇을 잘 해냈다. 때론 그게 아니라며 시범을 몇 번이고 보여줬다. 나는 생각처럼 손이 움직여지지 않아 좌절하며 투덜거렸다.

"엄마는 왜 이리 손이 잘 안 움직여지지? 손가락 바꿔 끼우고 싶다. 만능 손가락으로."

"안되는 손부터 하나씩 연습하고, 그게 잘되면 두 손으로 연주해 봐. 계속 연습해야지. 뭐."

아이는 나를 달래며 꾸준히 연습하는 것이 답이라고 말

한다. 어쩌면 당연한 말이고 항상 아이에게 했던 말이다. "다시 천천히 해봐. 계속하면 되니까." 그걸 아이 입으로 직접 들으니 새삼 느낌이 달랐다.

처음에는 오른손 높은음자리 보표와 왼손 낮은음자리 보표가 동시에 보이지 않았다. 두 곳을 동시에 쳐다보면 마치 양다리라도 걸친 것처럼 내 눈은 떨려왔다. 오른손 부분만 보든지, 왼손 부분만 보든지 정직하게 한 곳만 쳐다볼 수 있었다. 처음 보는 악보는 마치 '숙맥의 남녀'가 첫 연애를 하는 것 같았다. 옆에서 보면 속이 터진다. 그만큼 오래 걸리고 진도는 '세월아 네월아'가 따로 없다.

화요일이 되면 피아노 선생님께 잘되지 않는 부분을 여쭤보거나 진도를 검사받았다. 마치 노래를 부르는 것처럼 떨렸다. 온몸이 경직되고 손가락은 연거푸 실수한다. 이럴 땐 연습한 만큼 나오지 않아 속상하다. 그렇게 조금씩 진도를 나가고 악보 보는 연습도 했다. 전문가 선생님께 배우니 이론 공부도 체계적으로 할 수 있었다.

처음 들어보는 음악 용어는 반복을 통해 조금씩 익혔다. 특히 장조의 으뜸음 찾기를 통해 #(샵)과 b(플랫)에 대해 배울 때는 알쏭달쏭 그 자체였다. 선생님은 계속 말씀하셨다.

"이해 못 해도 괜찮아요. 한번 들어보고 다음에도 또 들어보면 조금씩 이해될 때가 있어요. 지금은 이런 게 있구나 넘어가도 돼요. 계속 반복할 거니까 걱정하지 말아요."

음악 이론을 4~5번 듣고 나니 '#(올림표) 파도솔레라미시', 'b(내림표) 시미라레솔도파'의 조표가 이해됐다. 수업 때는 알 것 같았는데 막상 그려보면 이해하지 못함이 탄로 났다. 반복을 계속하다 보니 이제야 한 번에 그려졌다. 찬송가에 그려진 조표도 보였다. 그전까지 있어도 보이지 않았던 부분이다. 아는 만큼 보인다는 말을 실감했다. 음악계의 까막눈에서 조금씩 벗어나고 있었다.

'이런 조표가 있었네. 와! #이 진짜 파와 도, 솔 이렇게 순서대로 되어 있네. 거참 신기하네.'

아직도 배워야 할 부분이 많다. 선생님은 '10년'은 쳐야 조금씩 악보 보는 눈이 생긴다고 했다. 조급했던 마음을 내려놓으라는 처방전이었다. 솔직히 처음 수강을 시작했을 때는 기술적으로 빨리 익혀 바이엘과 체르니를 떼고 연주를 자유자재로 하는 걸 꿈꿨다. 어쩌면 그런 욕심부터 비워야 서서히 채워나갈 수 있음을 깨달았다. 절대적인 연습 시간과 노력은 하루아침에 이루어지지 않기에. 가랑비에 옷이 젖듯 '꾸준히'가 답이었다. 지금은 잘 치는 것보다 피아노와 친해지는 것이 목표니깐.

한 곡을 완벽하게 치려면 수십 번의 불협화음을 이겨내야 한다. 전에는 막히면 조금 연습하다가 무조건 처음으로 돌아가서 쳤다. 그러니 앞부분은 잘 치는데 막히는 부분에서 계속 넘어서질 못했다. 시간은 시간대로 들이면서 나아지지 않은 상태로 연습을 그만두기 일쑤였다. 요령 없이 치니 일주일에 한 곡을 제대로 치기 어려울 때도 있었다.

선생님은 매끄럽지 못한 구간을 자연스럽게 연주하는 데 시간을 들이라고 했다. 나는 악보에서 반복되고 잘 쳐지는 부분은 생략하고 막히는 부분을 더 중점적으로 연습했다. 물론 잘 쳐지지 않는 부분들은 매번 호락호락하지 않다. 한 번, 두 번, 세 번.... 수십 번을 연습해야 조금씩 전체를 이어 갈 수 있었다. 그렇게 피아노 연습하는 요령도 조금씩 터득했다.

선생님이 피아노를 배우는 건 '새로운 언어'를 배우는 것과 같다고 했다. 그래서 많은 피아노 연주를 듣도록 권유하셨다. 마치 글을 쓰기 위해서 많은 독서가 필요하듯이, '듣는 귀'는 잘 칠 수 있는 밑거름이 되어 피아노 소리와 친해지게 한다.

그렇게나 위대해 보였던 두 손 연주와 검은 건반 누르기를, 이제 나도 할 수 있다. 어쩌면 지레 '겁부터 먹고 시작조차 하지 못했구나.' 싶다. 그런데 악기는 정직했다. 조금만 연습을 게을리하면 바로 나타난다. 악보가 잘 보이지 않고 손은 무거워지는 신기한 경험을 한다.

 피아노를 배우는 삶은 크게 활력이 되었다. 아이와 피아노로 대화하거나 연주하며 좀 더 친밀한 관계도 맺게 되었다. 건반을 누르고 연습할 때, 나도 모르게 몸이 흔들거리고 소리를 내본다. 노래 못함이, 나를 움츠러들게 하지 않는다. 못 부르면 또 어떤가? 완벽해지려고 애쓰는 마음을 내려놓는 순간, 힘 빼고 즐길 수 있다. 아이는 나 대신 음악의 한을 풀어주지 않아도 된다. 나의 부족함과 결핍은 '내'가 채우는 걸로 결론 내렸으니까.

 지긋한 나이의 수강생들은 수업 시간마다 열심을 내어 연주한다. 볼 때마다 신선한 자극이 된다. 오늘도 열정의 온도를 높여 연습에 매진하는 이유다.
 "띵띵 뚱땅뚱땅 띵 띠 띵"
 매일의 애씀이 모여 눈부시게 성장한 나를 꿈꿔본다.

05

둘이 먹어야 더 '맛있는' 이유
남편의 커피 레시피

아침 식사 후, 남편은 바리스타 장인처럼 커피를 정성껏 탄다. 커피 물을 맞추는 데 살짝 얼굴까지 찡그린다. 심혈을 기울이며 커피를 만들고 있다는 증거다. 세심하게도 커피포트에 남은 물로 머그잔을 살짝 데우는 과정도 추가한다. 잘 저어준 커피를 둘로 나눠 넌지시 건넨다. 커피 믹스 임에도 '공'을 들인 탓에 제법 맛있는 커피로 탄생한다.

 머그잔에 은은하게 퍼지는 커피 향이 참 좋다. 구수하면서도 달콤한 향은 커피를 마시는 기쁨을 두 배로 만든다. 홀짝홀짝 커피를 마시는 5분의 여유는 언제나 달다. 아이들 등교로 분주했던 아침. 이제야 소파에 앉아 온전한 평화를 맛본다. 한 모금을 마실 때마다 몽롱한 정신을 깨우고 하루를 잘살아 보자며 다독인다.

 급한 성격 탓에 뜨거운 커피를 들이켜다 입천장이 까진다. 속에서 불 구덩이가 마구마구 솟구친다. 그제야 커피를 연신 후후 분다. 적당한 온도를 기다리는 그 몇 초가 참 길다. 꿀꺽 넘어가는 커피에 "앗, 아직도 뜨겁네! 후후 그래도 너무 좋다."며 소소한 행복을 느낀다.

 아메리카노의 담백함도, 우유의 부드러움이 가미된 카페라테도, 카라멜 맛이 풍미인 카라멜마끼야또도 좋아한다. 무엇보다 전기포트에 팔팔 끓인 물에 쓱 타 먹는 '남편이 타주는 커피 믹스'가 가장 좋다. 기다리는 시간이 채 1분도 걸리지 않으면서 간편하고 맛까지 보장되어 있으니까. 집을 순식간에 편안하면서도 여유를 충전하는 카페로 만든다. 어찌 이 작은 한 봉지에 커피의 깊은 맛과 달콤함을 담았는지 신기할 따름이다.

 티스푼의 작은 움직임으로 새카맣던 커피는 금세 설탕과 프림에 섞여 갈색빛으로 변신한다. 물감 놀이를 하는 것처럼 멍하니 바라보며 잠깐 고민한다. 김이 모락모락 따뜻하게 마실지 아니면 그 속에 얼음 몇 알을 넣어 시원하게 먹을지 말이다. '짜장이냐? 짬뽕이냐?'의 난제처럼 고심한다. 어떻게 먹어도 커피는 그 나름의 맛과 멋이 있다. 보통은 따뜻한 커피를 마시다가 한 번씩 시원한 커피를 남편에게 주문한다. 때론 잠에서 번쩍 깨도록 시원함을 넘어선 차가움이 필요하니까.

 나는 커피에 물을 넉넉하게 넣어 연하게 먹는 걸 좋아했다. 커피도 배부르게 먹고 싶은 욕심이랄까? 아니면 커피 믹스 2개를 타서 먹기에는 카페인이 걱정되어서랄까? 그 두 가지가 복합적으로 작용하는 것 같다. 그런 나에게 남편의 커피 맛은 약간 신세계였다. 같은 커피 믹스로도 '이렇게 맛이 다르게 느껴질 수 있구나' 싶었다. 라면에 비유하자면 국물이 좋아 물을 넘치게 끓여 먹다가 정량에 맞춰진 라면을 먹었을 때의 그 기분이다. '유레카! 딱, 이거야! 이거였어! 물 조절로 맛이 이렇게나 차이 날 수 있나?' 무릎을 치게 했다.

  남편이 커피 장인이 된 내막은 이러했다. 나는 나름 남편을 배려해서 머그잔에 물을 덜어내려고 신경을 썼다. 분명 내가 타서 먹는 물의 양보다는 적었다. 다만 머그잔 물 높이를 커피잔 물 높이로 맞추는 수준이었다. 후한 인심만큼 물의 양은 언제나 넉넉했다. 또 포트에 물 올리는 것도 귀찮을 때는 끓는 보리차 물에 홀랑 커피를 타서 남편에게 건넸다. 남편은 내 커피를 받고 한 모금 마시더니 오만상을 찌푸렸다.

 "무슨 커피가 이리도 한강이야?"

"보리차로 맛을 낸 커피는 대체 무슨 맛으로 먹는 거야? 이게 보리차맛 커피야? 커피맛 보리차야?"

그 후, 남편은 내가 건네는 커피의 물 높이부터 확인하고 한숨부터 쉬었다. 불만과 불신이 가득했다. 결국 남편의 커피는 자신이 탈 거니까 놔두라고 신신당부했다. 어느 순간부터 나의 커피까지 남편이 담당하고 있었다. 커피 맛은 자기가 지킨다는 포부로 "남편이 타준 커피가 제일 맛있는 것 같아."라는 말에 으쓱하면서.

남편의 숨겨진 커피 믹스 레시피는 이러했다. 머그잔에 커피 믹스 3개를 한꺼번에 털어 넣고 물을 적당히 부었다. 여기서 물의 양이 맛을 좌지우지하는 관건이 된다. 잘 저어준 후 2개의 컵으로 한 치의 오차도 허락하지 않고 정확히 나누어 담았다. 때론 커피를 아쉬워하는 나를 위해 한두 모금 정도 더 많이 담긴 커피를 건넨다. 물론 남은 물로 머그잔을 데워 따뜻함을 오래가도록 하는 것은 기본이다. 그렇게 달콤한 커피를 서비스했고 이제 커피 타는 일은 남편이 하는 중요한 일 중의 하나가 되었다.

매번 커피 믹스 2개를 넣어 먹기에는 카페인을 많이 섭취하는 것 같아 주저했다. 3개를 둘로 나누면 1.5개가 된다고 생각하니 과하지 않은 느낌이다. 무엇보다 물양도 1잔의 양보다 조금 많아진 만큼 내가 먹던 물양과 비슷해진다. 평소에 추구하는 '넉넉한 양의 커피'를 마시는 것 같아 좋다. 밥이든 커피든 질만큼이나 양이 넉넉해야 야박하지 않게 느껴진다.

혼자 커피를 타서 먹을 때는 문제가 발생한다. 커피 믹스 1.5개를 탈 수 없기 때문이다. 간절하게 남편의 커피가 생각나는 이유다. 1개를 넣을지 2개를 넣을지 선택해야 한다. 결국 예전처럼 1개의 커피 믹스에 넉넉하게 물을 붓는다. 이제는 그 맛이 싱겁다 못해 심심하게 느껴진다. 그새 남편의 커피 맛에 길들어져 버렸다. '예전에는 어떻게 이런 맹탕인 커피를 마셨을까?' 싶다. 남편의 진한 커피 맛을 흉내 내 보려고 커피 믹스 1개에 물양을 줄여도 본다. 마시는 시간이 금세 끝나 버린다. 자꾸만 비어버린 바닥을 보며 한두 방울 남은 커피까지 탈탈 털어 넣는다.

'거참, 몇 모금 마시지도 않은 것 같은데. 벌써 바닥이네. 혼자 마셔서 그런가? 왜 이리도 빨리 마셔 버렸지? 아, 한 모금씩 아껴먹었어야 했어.'

아쉬움이 가득하다. 역시 커피도 밥처럼 혼자보다 둘이 먹어야 맛있는 이유가 있었다.

커피의 따뜻함이 머그잔에서 내 손으로 전달될 때의 그 느낌. 따뜻해진 손만큼 이불 속 온기를 느끼는 것처럼 내 마음도 포근해진다. 한잔의 커피로 행복이란 게 뭐 별것인가 싶다. 바리스타 장인이 따끈하게 타주는 커피는 아침부터 '대접받고 있음'을 느끼기에 충분하다. 그 속에 나름의 작은 수고로움과 공이 깃들어 있음에 매번 감사하다. 남편의 정성과 철학이 담긴 커피는 나에게 세상에서 가장 '맛있는' 커피임이 분명하다.

"남편, 커피 한잔, 플리스!"

06

감정에 집중하는 시간, 고흐의 카페테라스
완성되는 과정이 즐거운 퍼즐 맞추기

 참새가 방앗간을 그냥 지나칠 수 있으랴? 즐비하게 놓인 퍼즐들이 마치 나에게 윙크를 하는 듯하다. 그 유혹에 내 심장은 설렌다. 퍼즐을 맞추는 4~5시간은 신기루처럼 사라진다. 여유로울 때 해야 하는 이유다. 상자를 들었다 놨다 반복한다. 퍼즐을 잘못 열었다가는 남편과 아이들의 아우성이 불 보듯 뻔하다. 놓고 가려니 미련이 남아 자꾸만 눈을 떼지 못한다.

'이걸 맞추면 얼마나 신날까? 맞을 듯 안 맞을 듯 밀당하다 쏙 들어가는 그 느낌.'

내 손은 허공에서 퍼즐을 몇 번이고 맞춘다. 한참이나 바라보다 아쉬움을 뒤로한 채 퍼즐 상자를 간신히 내려놓는다.

남편은 내 취미에 불만이 많다. "등 구부러진다. 집안이 엉망이다. 퍼즐이 뭐라고 좀 쉬엄쉬엄해라." 쉼 없는 잔소리를 뱉어낸다. 그러면서도 내가 내려놓은 퍼즐을 슬쩍 담아 선물한다. 이런 섬세함은 남편의 큰 장점이다. 아른거리던 퍼즐을 코앞에 마주할 때는 세상을 다 가진 것 같다. 시무룩했던 마음이 삽시간에 행복으로 바뀐다.

판도라의 상자를 열 듯 퍼즐들을 우르르 쏟아놓는다. 내 몸과 마음은 오로지 퍼즐 완성하는 데에만 스위치가 켜지고 망부석이 될 각오를 한다. 어떻게 퍼즐을 맞춰 나갈지 그림을 꼼꼼히 살폈다. 처음에는 한 면이 직선인 테두리를 분류하면서 하나씩 맞춰 나간다. 가장 공을 들여야 하는 부분으로 퍼즐 속도를 결정할 중요한 부분이다.

고흐의 카페테라스는 붓 터치가 화려하면서도 몽환적인 색감이 마음에 드는 작품이다. 500조각을 먼저 맞추고 100조각으로도 완성해 본 작품이기도 하다. 맞춰야 할 조각 수가 적다고 쉽게 볼 것이 아니다. 100조각은 크기가 작아지면서 500조각만큼의 난이도가 존재한다. 퍼즐을 대하는 자세는 언제나 겸손한 마음으로 다가가야 한다. 너무 쉽다고 방심한 순간, 도저히 맞춰지지 않는 조각에 좌절과 방황의 쓴맛이 더 크다.

비슷한 색깔의 퍼즐 조각들을 한곳에 모은다. 진짜 '그놈이 그놈이다'는 말을 이럴 때 쓰는 것 같다. 화려하게 빛나는 노란색 처마와 벽면이 딱 그랬다. 붉은빛 명암으로 거칠게 표현된 부분으로 색깔의 차이를 뚫어지게 쳐다봤다. 그림의 힌트로 찾을 수 없을 때는 요철 모양을 확인하며 하나씩 맞춰 나갔다. 볼록이 하나, 위아래 볼록이,

옆 위 볼록이, 볼록이 세 개, 볼록이 네 개를 말이다. 맞추기까지 푹푹 한숨 쉬다가 맞아들어가는 순간, 짜릿한 환호성을 지른다. 너무 쉽게 풀리면 재미없다. 어려운 부분을 넘어설 때, 퍼즐이 더 짜릿해진다.

고흐의 작품에는 테이블과 옹기종기 사람들이 있다. 거리의 자갈은 어찌나 알록달록 색깔을 찍어놨는지 현란했다. 혼돈의 카오스가 시작된다는 징조다. 테이블도 옅은 하얀색, 점점 짙어지는 하얀색, 연두색과 섞인 하얀색, 붉은색과 섞인 하얀색까지 다양했다. 분명 같은 색으로 표현한 것이 없음에도 그 미묘한 차이를 구별하기 어렵다. 고흐가 되어 붓 터치를 함께 하는 착각마저 들었다. 조금씩 맞춰 나가다 고개를 절레절레 흔들고 손으로 눈을 꾹꾹 마사지했다. 안 될 때는 조금 쉬었다가 할 법도 한데 나는 그런질 못한다. '이걸 끝낼 때까지 아무것도 하지 않겠다.'는 쓸데없는 비장함을 발휘한다.

카페테라스에는 화려함 속에 어두움도 존재했다. 한참

이나 시커먼 벽면과 푸르스름한 하늘을 부여잡고 내 손은 갈 길을 잃었다. 크게 심호흡 한번하고 기를 쓰며 째려본다. 역시 눈이 아프고 정신이 혼미해진다. 검은색 속에 점점이 찍힌 부분과 창문들이 제각각 빛난다는 것을 발견했음에도 진행 속도가 더디다. 이런 된장 고추장 쌈장까지 나오려던 순간, 하나의 퍼즐이 절묘하게 맞춰진다. 일어나 소리를 지르고 덩실덩실 어깨춤이 나오려다 멈칫한다. 옆에는 한심하게 나를 바라보고 있는 남편 일과 아이들 이와 삼이 있다. 혼자 탄식하다 울 듯이 괴로워하고 기뻐 소리 지르는 다중인격의 면모를 그들은 직관한다. 한여름 태양보다 더 따가운 눈총을 소리 없이 발사하면서.

하늘과 검정 건물이 듬성듬성 모양이 맞춰지면서 제법 완성되어 갔다. 빨리 완성하고 싶다는 마음과 끝나는 게 아쉬운 것 같아 천천히 마무리하고 싶은 마음이 공존했다. 남은 개수가 줄어들수록 더욱더 갈등했다. 결국 빨리 완성해서 승전보를 알리는 쪽으로 마음이 기운다.

마지막 2개의 퍼즐이 없어져서 온 거실을 헤집고 다녔다. 매트와 소파, 테이블과 러그 속도 다 뒤졌다. 딸과 남편도 투덜투덜하면서도 찾는 데 도움을 주었다. 겨우 찾은 퍼즐 두 조각을 부여잡고 이산가족이 상봉하는 듯한 기쁨을 맛봤다. 누가 보면 영화의 한 장면이 따로 없다. 옆에서 인내하며 지켜본 아이들에게 한 조각씩 맞추라며 선심을 썼다. 아이들은 종일 놀아주지 않은 나에게 뾰로통한 마음이었다. 마지막 조각을 맞추며 가장 큰 공을 자기가 세웠다고 우쭐하며 속상한 마음을 풀었다.

　완성된 퍼즐을 상자 속으로 넣기 전에 마지막으로 감상했다. 퍼즐 곳곳을 하나하나 살펴봤다고 생각했는데 맞춰진 모습을 보면 또 느낌이 달랐다. 맞출 때는 붓의 터치와 화려하고 현란한 색감에 압도되었다. 어두컴컴한 부분과 대비되어 밤하늘의 별들이 팝콘처럼 펼쳐진 모습이 마음에 남았다. 고흐는 밤을 좋아해서 빛이 없어지는 시간이 아닌 새로운 것을 보는 시간이라고 여겼다. 그래서 밤하늘을 검은색보다 짙은 파란색으로 그렸고 별이 빛나는 하늘을 그리며 너무나 행복했다고 한다. 그 행복감이 퍼즐을 맞추는 동안 전달되었던 걸까? 팝콘처럼 빛나는 별이 어두컴컴한 하늘을 유난히 밝게 비추는 것 같다. 퍼즐들은 뒤섞여 상자에 들어갔고 다음을 기약했다.

  나는 퍼즐을 통해 감정을 솔직하게 풀어내며 내 마음에 집중하는 시간을 갖는다. 물론 상자를 개봉할 때까지 두근두근 설렘으로, 맞출 때는 흥미진진하게, 완성될 때는 뿌듯함으로 하루 내내 행복해진다. 마음이 복잡할 때, 얽힌 실타래를 풀어 가듯 마음이 정리된다. 일명 스트레스라는 핀을 높이 쌓아 올려 볼링공 한 방에 스트라이크를 날리는 기분이다. 물론 뜻대로 되지 않을 때는 막막함과 절망감이 소용돌이친다. 그럼에도 차근차근 풀어나갈 때는 서두르는 마음을 내려놓는 법과 끈기를 배운다.

  "완성을 향해 달려왔지만 완성되어 가는 과정이 더 즐거운 시간으로. 오늘도 이렇게 충전 완료."

07

싸우려고 등산하는 부부
하루에 아미산, 다불산, 보령산을 오르며

유년 시절 집 뒤에 산이 있었다. 심심할 때면 산에 올라 나무 그네를 탔고 내리막을 달리며 힘껏 소리도 질렀다. 그 추억 때문인지 산에 오면 익숙하고 편안해졌다. 딱딱하고 평평한 아스팔트와 콘크리트에서는 느낄 수 없는, 낙엽과 흙의 부드러운 촉감이 좋았다. "위릭 위릭 위리릭, 뻐꾹 뻐꾹, 티티이 휘익" 다양한 새소리와 "찌르르 푸르륵" 풀벌레 소리도 합주한다. 푸른 잎들은 그늘을 만들고 바람의 지나감을 허락한다. 에어컨의 바람과는 또 다른 청량함이 있다. 입에서는 "너무 좋다. 시원해. 이곳이 천국이네."라는 감탄사가 절로 나온다.

등산은 남편의 휴무 날에 하는 일과 중에 하나다. 높이 349m로 나지막한 아미산에 자주 간다. 이 산은 미인의 눈썹같이 아름다운 산이라는 뜻을 가지고 있다. 정상이 급경사와 계단으로 되어 있다. 마지막이 힘에 부치는 산이다. 일주일에 많게는 3번, 적어도 1번은 난이도를 조절하며 산에 오른다. 몽산을 찍고 아미산을 가는 '상냥한 코스', 대덕산을 경유해서 아미산 정상을 오르락내리락 반복하는 '지옥 초입 코스', 아미산 정상을 갔다가 구름다리를 거쳐 다불산과 보령산을 가는 '지옥에 몸을 푹 담가 코스', 순성길로 편히 걷다 성북 2리 입구에서 오르막만 펼쳐지는 '이럴 줄 몰랐네 코스'까지.

"피아노 공연이 무료로 하니깐 좋은 기회라고 생각했어."

"아이들은 블럭팡에서 좋아하는 블럭 맞추고, 나 혼자 편하게 피아노 연주회에 다녀오고 싶었어."

"아이들도 디즈니 노래 좋아하잖아!"

"자꾸 아이들 의견은 물어보지 않고 '좋은 기회인데 안 가냐?'고 몰아세우니 아이들도 기분 나빠 했어."

"그래도 얘들을 다독여서라도 다녀오길 원했는데. 갔다 오지 않으니 기분이 상하더라고."

"얘들이 반발심에 피아노 연주회는 가고 싶지 않다고 했다고!"

"그래도 나는……"

"누구는 블럭팡에 간다. 누구는 안 간다. 결국 블럭팡에도 못 가고 연주회도 못갔다고. 오빠는 야간 출근이라 자야 하니까, 애들 방에서 조용히 시키느라 얼마나 힘들었는지 알아?"

"나도 화가 나서 잠을 설쳤다고!"

"헉헉헉 그래. 그래. 말하는 것도 이제 힘들다."

"그래. 허억.허억.헉. 그렇네."

오르막이 끝없이 이어질 때 서운함과 불만을 털어놓으면 좋다. 처음에는 자신의 생각을 변론하기 바쁘다. 계단을 오를수록 힘들어서 대꾸할 힘이 없어지고 거친 숨소리가 가득하다. "헉헉헉"의 숨소리가 "어어어(그래 그래)"로 바뀐다. 가파른 오르막길은 서로의 말을 긍정적으로 받아들일 수밖에 없게 만든다. 말을 쏟아내고 나면 속이 뚫리는 후련함이 있다. 합의점을 찾으려고 하면 싸움이 되지만 각자의 다른 입장을 듣다보면 이해가 간다. 문제는 있는데 옳고 그름의 정답은 없다. 다만 그 문제를 어떤 시야로 바라보았는가에 대한 새로운 해석이 존재한다. 묵은 감정을 털어놓고 상대를 이해하게 된다. 그래서인지 오르막이 끝나기 전에 얼굴을 붉히던 감정을 어느 정도 덜어낸다.

아미산을 등산하고 다불산과 보령산 가는 코스를 '지옥에 몸을 푹 담가 코스'라고 표현한 이유가 있다. 아미산 정상에서 구름다리를 지나고 임도(임시도로)를 갈 때까지만 해도 그날의 등산은 매우 쉬움이었다. 다불산의 계단

지옥을 맛보기 전까지 말이다. 정상으로 향하는 계단에 할 말을 잃었다. '계단 맛집'은 이곳이구나 싶어 눈을 질끈 감았다. 마치 이곳에 있는 나는 꿈속이라고 믿고 싶었다. 돌계단 두 개를 합쳐놓은 것 같은 높은 계단과 계단 하나를 반으로 잘라 놓은 듯한 낮은 계단이 들쑥날쑥 끝없이 펼쳐졌다. 높이 다리를 올랐다 낮게 올랐다 힘이 두 배로 들었다. 차라리 일정한 간격의 나무 계단이 끝없이 펼쳐지는 게 낫다고 생각했다.

다불산 정상에서 시원한 이온 음료와 초코바에 마음이 녹았다. 역시 먹을 게 들어가면 마음이 너그러워지나 보다. 초코의 달콤함과 견과류의 오독오독한 식감에 나를 힘들게 한 모든 계단이 용서되었다. 하산할 일만 남았으니 입방정을 떨었다.
"힘들어야 등산이고 쉽지 않기 때문에 이 정상이 값진 것이지."

오르막에는 말이 나오지 않고 거친 숨소리만 가득했다

면 내리막은 허벅지가 후들거리며 도가니가 리드미컬하게 춤췄다. 내가 이렇게나 많은 계단을 올라왔구나 싶었다. 다시 올라가는 길이 아님에 다행이라는 안도감이 들었다. 내려가는 중에 남편은 보령산 표지판을 보았다. 확신에 찬 듯, 보령산까지 임도로 계속 나오니깐 한번 가보자고 했다. 지금 매우 힘들고 더는 올라가고 싶지 않다고 투덜거렸다.

'진짜 임도만 나올까? 그럼, 한번? 다불산의 계단도 가봤는데 설마 이것보다 심하겠어?'

역시 인간은 망각의 동물이다. 방금까지 그렇게 힘들게 등산했건만 또 등산하겠다는 나의 패기에 나도 놀랐다. 물론 남편도 초행길인데 너무 자신 있게 말하자 임도로 쭉 이어질 것만 같은 긍정적인 생각도 한몫했다.

다불산에서 보령산 가는 길은 임도를 지나자 내리막길이 힘했다. 마을을 가로질러 산 입구에 들어서자 계단이 시작되었다. 다불산과 다르게 이제는 낮은 돌계단들이 층층이 마중 나왔다. 일부러 계단에 주눅 들까 봐 땅만 보고 올랐다. 숨이 꼴딱꼴딱 넘어가자 한번 올려다보았다.

'설마 설마 이제 끝나가겠지? 정말 끝나겠지? 거의 다 와 가겠지?'

나의 바람과는 다르게 계단은 계속 이어졌다. 절망감에 고개를 푹 숙이고 또 숨이 꼴딱꼴딱 넘어가자 고개를 들었다. 이제는 끝나간다는 희망을 얻고 싶었다. 정상이 아니어도 좋으니 제발 평지가 나오길 간절히 기도했다. 눈을 비비며 다시 떴다 감았다를 반복했다.

'우와! 무슨 계단이 더 늘어나 있지? 아주 요술 계단이 따로 없네!'

분명 열심히 올라갔건만 '에스컬레이터가 나를 아래로 쑥 내려놓았나?'라는 의심마저 들었다. 이제는 올라가고 싶지 않았다. 아무리 쳐다봐도 정상은 보이지 않아 절망했다.

"거의 다 왔어!"
"아직도 끝이 없는데?"
"조금만 더 가면 될 거야!"

희망 고문에 다시 발을 움직여 보지만 얼마 못 가서 멈추고 말았다. 다시는 남편과 등산을 하지 않겠다는 굳은 결심과 뒤통수가 따갑도록 원망 섞인 눈빛을 발사했다. 남편은 나에게 다 왔다고 하지만 도대체 그 정상은 어디에 있는지 나에게는 보이지 않았다. 정상(산 정상)이고 뭐고 고된 산행에 내 정신이 비정상이 될 것 같았다.

'지금 나는 1년 치 계단을 하루 동안 다 오르는 수행을 하고 있다.'

 주문을 외웠다. 얼마나 대단한가? 나를 칭찬했다. 양념 반, 프라이드 반도 아니고 자포자기하는 마음 반, 칭찬 반을 섞어가며 나를 이끌었다. 마지막 힘을 끌어모아 가까스로 정상에 다다랐다.

'하루에 아미산, 다불산, 보령산 3개의 산을 오른다는 건 인간으로서 과연 할 짓인가?'

 진저리가 쳐졌다. 당분간은 이 코스로 등산하지 않을 것이다. 다만 부부 싸움의 진검승부를 펼치고 싶을 때 오르자는 생각이 잠시 스쳤다. 오르기 전에 극적으로 화해하고 오르지 않는 쪽을 택할 것 같다.

내려갈 때는 마음의 평화가 깃들었다. 풀벌레 소리와 새들의 지저귀는 소리도 들리기 시작했다. 꽤 괜찮은 배경 음악이다. 쌍쌍이 눈앞을 지나가는 나비들의 날갯짓도 예뻐 보였다. 남편 따라가기 바빠 보지 못했던 주변도 이제야 두리번거리며 내려왔다. 물론 올라왔던 만큼 내려오는 데도 시간이 한참 걸렸다. 내려오고 내려와도 또 내려가야 할 계단이 수없이 펼쳐졌다. 올라갈 때만큼 내려올 때도 혀가 내둘러졌다. 이번에도 여지없이 허벅지는 후들거리고 도가니는 제 임무를 다했다.

산을 오르면 꼭대기에 올라가는 다양한 길을 마주한다. 처음 가는 길은 어떤 지점에서 힘들고 오르막이 얼마나 나오는지 계산하기 어렵다. 앞을 보고 당장 넘어가야 하는 길을 갈 뿐이다. 익숙하지 않기 때문에 오는 긴장감과 다 와 간다는 희망 고문이 적절히 섞여 앞으로 나아가는 힘이 된다. 힘듦을 알고 시작하는 것과 힘듦을 모르고도 시작하는 것의 미묘한 차이를 알아간다.

 등산은 어찌 되었든 힘들다. 지금 가는 이 미지의 길이 어떻게 펼쳐질지 그리고 어떤 경로를 수정하며 나아갈지 선택의 연속이다. 땀이 비 오듯 흐르는 몸의 고단함이 있다. 시원한 얼음물과 바람에, 새들의 지저귐에 불편했던 감정의 골이 흐릿해지기도 한다. 가장 미웠던 한 사람이 가장 의지할 한 사람이 되고, 끝까지 완등하게 해 줄 소울메이트, 영혼의 단짝이 된다. 함께하기에 '지옥에 몸을 푹 담가 코스'에서도 견딜 수 있고 즐길 수 있었는지 모른다.
 "그대와 함께라면, 달콤하고 살벌한 이 지옥도 흥미진진하게 가리라."

08

다이어트, 끝날 때까지 끝난 게 아니다
플러스사이즈의 다이어트

 방심한 틈을 놓치지 않고 살은 쭉쭉 불어났다. 이제껏 경험하지 못한 인생 최대 몸무게를 찍었다. 만삭일 때보다 더 불어버린 몸을 보니 한숨이 절로 나왔다. 뱃살 속에 '혹시 셋째가 들어 있어서 이렇게 볼록 한 건가?' 의심해보지만 안타깝게도 그냥 '내 살'이었다. 쉽게 쪘던 만큼 쉽게 빠졌으면 좋겠지만, 쉽게 쪘으면서 헤어질 생각을 전혀 하지 않는다.

  저울의 숫자는 옷을 입을 때마다 실감했다. 바지마다 똥꼬가 끼고 한 뼘이나 벌어진 허리는 잠기지 않는다. 티셔츠는 M에서 L를 건너뛴 XL가 되었다. 누우면 티셔츠 위로 뱃살이 삐쭉 나오며 안녕하고 인사한다. 바지는 고무줄이 아니면 입을 수 없다. 원피스의 지퍼도 절반쯤 올라가다 끽하고 멈춰 선다. '1년 전까지 입었던 옷들이 맞나?' 싶을 정도로 못 입는 옷들이 늘어났다. 옷 입는 기준 또한 '이 몸이 들어가서 편히 숨 쉴 수 있는가?'로 바뀌었다.

  남편은 "너무 살찐 거 아니야?"라고 압박했고 옷을 파는 점원도 "손님, 사이즈는 저희 매장에 안 나와요."라며 내 귀 속을 강타했다. 쇼핑을 하는 것이 즐겁지 않았다. 프리사이즈라고 하면 일반 체형에 맞는데 그 사이즈가 맞지 않았다. 옷을 입어보다 '입구 컷' 당하기도 했다. 마음에 들지 않아도 사이즈가 맞으면 얼른 고른다. 땀을 삐질

흘리며 그 자리를 빨리 벗어나고 싶기 때문이다. 남편은 뒷감당은 생각하지 않고 용감하게 말한다.

"살을 빼! 그렇게 옷 고를 때마다 자신 없어 하지 말고!"

염장을 제대로 지른다. 사람들이 있어서 눈에서만 파워 레이저를 쏜다. 진짜 등짝 스매싱 백번 예약이다.

나는 몇 시간씩 맛집이라며 기다리는 것을 이해하지 못한다. 나에게는 좋아하는 사람과 편하고 즐겁게 먹는 곳이 맛집이다. '시장이 반찬이다.'라는 말처럼 배고프면 뭐든 맛있다. 이놈의 입맛은 365일 중 364일쯤 좋아서 탈이다. 하루쯤은 입맛이 없길 바라는 마음은 비밀! 아침에 삼겹살을 구워 먹을 정도로 언제나 '밥맛은 맑음'이다. 사람들은 속상했을 때 식음을 전폐한다고 한다. 나는 밥을 맛있게 먹으면, 포만감만큼 미움이라는 공간이 줄어든다. 밥 한 끼에 위로와 행복감을 동시에 느끼며 스르륵 마음이 풀린다. 밥은 내 감정을 끌어올리는 매개체가 분명하다.

살이 이리도 빈틈없이 찐 것은 아이들도 한몫했다. 나는 배부르게 식사하는 편이고 아이들은 조금씩 자주 먹는다. 밥 먹고 30분쯤 지나면 배고프다며 아우성이다. 나는 과일 깎다가 한 개 주워 먹고 남으면 아깝다고 잔반 처리도 한다. 또 30분 뒤에 아이들은 간식을 찾고 나의 입도 쉼 없이 오물거린다. 인생 뭐 있냐며 행복하면 되지(돼지) 했더니 진짜 행복한 돼지가 되어 있었다.

다이어트는 몇 번 해봤다. 닭가슴살과 고구마, 달걀, 바나나를 주식으로 바꾸고 유튜브 운동채널(땅끄부부, 엄마TV, afit, 스미홈트, 빅씨스)을 보며 열심히 땀을 흘렸다. 다이어트에 아침 공복 운동이 좋다고 해서 식사 전 실내자전거도 탔다. 전신운동으로 로잉머신(노 젓는 동작을 하는 운동기계)이 도움이 된다고 해서 거금을 들여 집 안에 들여놓았다. 그 밖에 철봉, 훌라후프, 푸쉬업바, 마사지 스틱, 운동 밴드, 폼롤러, 야구공, 아령 등 종류별로 넘쳐난다. 그런데 함정은 운동한 만큼 식욕도 폭주했다. 열심히 움직인 만큼 허기졌다. 등가죽에 붙은 배를 양껏 먹으며 볼록 나오게 해야 먹는 것을 멈출 수 있었다.

 아침마다 체중계 앞에 떨리는 마음으로 섰다. 1그램이라도 줄여 보겠다며 스마트 워치, 머리끈과 귀고리도 풀고, 실오라기 하나 걸치지 않은 채. 조금이라도 감량이 된 날에는 좋다고 쾌재를 부르다가도 변화가 없거나 더 불어 버린 숫자를 확인하는 날에는 '이 짓을 왜 하고 있나?' 한숨이 푹푹 나왔다. 다이어트라 못 먹는 것도 억울한데 변화도 없으니 한없이 예민해졌다.

 다이어트는 몇 킬로를 뺐는가가 중요한 게 아니다. 뺀 만큼 유지하는 게 더 중요하다. 열심을 내어 몇 달간 감량 했더라도 찌는 건 한순간이다. 요요가 무섭다더니 뺀 것보다 더 찌는 일이 예삿일이다. 근 반년을 체중계에 오르지 않았다. 긴장감 없이 자유로운 영혼처럼 먹어댔다. 역시 결과는 참혹했다. 설마 하고 체중계에 선 순간 앞자리가 두 번이나 바뀌었다. 짐작은 했으나 눈으로 확인하니 말문이 막혔다. 행여 체중계가 잘못되었나 싶어 오르락내리락 몇 번을 반복했다. 문제는 체중계가 아니라 나의 '몸뚱이'임을 재차 확인할 뿐이다.

다시 살 빼기로 굳게 결심했다. 달걀과 고구마를 삶고 과일과 채소를 씻어 식판에 담았다. 밥도 3~4숟가락 정도 소분하고 국도 건더기만 조금 건져낸다. 상추에 밥풀 10알 정도와 국 건더기, 닭가슴살을 올려 싸서 먹는다. 달걀과 고구마를 까면서 최대한 밥을 오래 씹도록 연습한다. 항상 볼 안 가득 욱여넣으며 후다닥 먹는 게 익숙한 나였다. 조금씩 젓가락으로 음식물을 쪼갠 후 새 모이처럼 먹는 식사는 참 어렵다. 마치 다람쥐가 비상식량을 아껴먹듯이 아몬드 1개를 10번도 넘게 나누어 먹었다. 천천히 먹으면 포만감이 들어서 적게 먹는다고 하는데 내 배만큼은 예외였다. 매번 젓가락 놓는 게 너무도 아쉽다.

배고플 때 물을 마시면 잠시 뇌가 속아 배가 부른다고 한다. 그럼에도 허기짐이 가시지 않을 때는 식사한 것처럼 양치질했다. 상쾌함 때문인지 먹고 싶은 마음이 잠시 사라진다. 운동은 유튜브 엄마TV 20~30분짜리 영상을 보며 땀을 쏟고 있다. 다이어트는 7할이 식단 조절이라 해서 먹는 족족 사진으로 남기고 있다. 식사는 물론 간식까지 찍다 보니 못 먹고 있는 것 같아 억울했던 마음이 쏙 들어갔다. 고기가 먹고 싶을 때는 제육볶음도 먹는다. 다만 양을 줄여 채소로 배부름을 높인다.

살 빼기 쉽지 않다. 아이들은 먹는 걸 자꾸 내 앞으로 가져온다. 한 번만 먹어보라고 자꾸 내 코앞까지 들이댄다. 한 번만? 몇 번을 고민하며 열심을 내던 마음을 시험한다. 역시 적은 언제나 가까이에 있다. 매 순간 살들이 나와 이별할 수 있을지 아닐지는 9회 말 2아웃 상황처럼 스릴 있다. 끝날 때까지 끝나지 않았다.

마음이 요동칠 때, 어김없이 음식으로 마음의 허기를 달랬다. 기분은 나아졌지만, 나는 플러스사이즈가 되었다. 다이어트에 실패하고, 마음속에선 '나는 이것도 이겨내지 못하는구나!' 상처를 냈다. 어쩌면 예쁘고 날씬한 몸이 목표가 아니라, 건강한 나를 위한 한 걸음으로 나아가야 했다. 살이 쪘더라도 나는 분명 나이다. 그런 나라도 사랑할 줄 아는 마음이 먼저여야 했다. 미움이라는 감정으로 나를 채찍질하며 나아가는 건 쉽게 지치게 만드니깐. 나는 다시 건강을 위해, '내 마음을 다독이며 나아가는 다이어터'가 되어보려 한다.

"살아. 이제 나 좀 놓아주렴."

09

꼭 필요한 준비물은 나대는 마음(끼)
노력하는 다이어터, 방송 댄스까지

 노력을 하는 데도 살 빠질 만큼의 노력은 아니었나 보다. 몸무게는 제자리고 헬스장에 등록해서 개인 PT를 받을까 생각했지만, 가격이 부담스러웠다. 강제적으로 꼭 가야만 하는 상황을 만들면 실천할 수 있을 것 같았다. 때마침 동사무소에서 일주일에 2번 하는 방송 댄스가 눈에 들어왔다. 총 24회에 가격이 3만 원이었다. 13만 원도 아니고 23만 원도 아닌 배춧잎 3장이라니, 매력적인 가격에 홀렸다.

  나는 노래 부르고 랩 하며 멋지게 춤추는 '끼' 있는 삶을 언제나 동경해 왔다. 나로 말할 것 같으면 체육대회를 앞두고 선배들이 집중적으로 체조 연습을 시켰다. 그것도 무려 3명이 달라붙어 개인 지도를 했다. 늘지 않는 참담한 결과를 안겨주며 신배들에게 절망을 덤으로 선물했다. 노래 또한 직장의 체력 단련회 때 부르는 관례가 있었다. 계속 못 부른다고 버티다가 용기 내어 한 번 불렀는데, 그 다음부터 절대 시키지 않았다. 음 이탈 대잔치에 왜 노래를 안 하려고 했는지 단 한 번에 수긍시킨 숨은 능력자다. 그런 몸치와 박치, 음치 실력을 보유한 사람으로서 막상 수강 접수를 하려니 주저하게 되었다. 또 한 번 흑역사를 갱신하는 건 아닌지 고민됐다.

  다이어트 목적이라고 해도 주변 사람들의 시선도 신경 쓰였다. "니가? 춤을 춘다고? 대체 그런 용기와 깡은 어디서 나오는 건데?" 반문할 것만 같았다. 나와 춤의 연결고리는 상상이 되지 않는 조합이니까.

'내가 춤출 수 있을까? 진짜 할 수 있을까? 해보라고 시키면 어쩌지? 왜 이렇게 못하냐며 수강 취소 좀 해달라고 정중하게 부탁하면?'

별의별 상상을 다 했다. 왠지 싸워보지도 않고 백기 들고 물러서려는 마음이 꿈틀댔다.

"이 길은 나의 길이 아닌 것 같소." 말하려던 찰나, 큰아이와 작은 아이의 방과후 확정 알람이 울렸다. 두둥! 방송 댄스 최종 당첨. 못해도 한번 해보라고 말하면서 수강 신청한 것이 둘 다 된 것이다. 막상 나는 포기하려고 하니 앞뒤가 맞지 않았다. 나는 못 하면 못한 대로 연습으로 극복하면 된다고 긍정 회로를 돌리며. 모범을 보여야 했다. 날씬함은 자연스레 따라오고 멋지게 칼군무로 춤추며 변화된 나의 모습을 상상했다. 그동안 쉬고 있던 달리기도 시작했다. 춤도 어려울 텐데 숨까지 차서 따라가지 못하면 너무 부끄러울 것 같아서.

방송 댄스를 접수하고 돈을 입금하고 나니 '내가 진짜 하는구나.' 실감이 났다. 띠리링 문자를 받았는데 꼭 필요한 준비물이 실내운동화와 나대는 마음(끼)이었다. 나대는 마음(끼)이라니? 살짝 웃음이 났다. 2번이나 같은 문자를 받았는데 나대는 마음에 시선이 고정된 탓인지 실내운동화라 읽고 실내화로 잘못 입력했다. 집에서 신는 실내화(거실 슬리퍼)를 당당히 챙겨갔다. 그러면서도 왜 실내화를 챙겨오라는 거지? 의문을 품었으나 '뭐 필요하니까. 가져오라고 하겠지!'라며 넘겼다. 역시 이상하면 전화라도 걸어 물어봤어야 했다.

 주민자치 센터의 문을 여는 순간, 가방에서 실내화를 빼려던 손이 멈칫했다. 신발장에 빼곡히 실내화가 있는 것이다. 살짝 당황스러웠다.
 '뭐지? 이렇게 실내화가 많은데. 왜? 챙겨오라고 한 거지?'
 나의 의문은 점점 더 커졌다. 사람들이 들어오면서 운동화를 들고 오는 모습에 시선이 고정되었다.

"실내화 가져오라고 하지 않았어요?"

"아니요. 실내운동화 가져오라고 했는데요?"

가히 그 사람도 나를 보며 당황해했다. 나는 문자를 다시 읽었다. 내 눈은 그제야 실내운동화라는 글자를 올바로 읽었다. 앗! 방송 댄스 한다고 열심히 달리고 전날 실내화도 가방에 담아 준비했는데. 다 부질없는 짓을 한 것 같았다.

'어떻게 하지? 맨발로 해야 하나? 첫 수업인데. 사람들은 날 어떻게 생각할까?' 아무리 머리를 굴려도 어떻게 대처해야 할지 눈앞이 깜깜했다. 시작도 하기 전에 나의 모든 땀샘은 개방되었다. 춤도 추기 전에 식은땀이 주르륵 흘렀다.

"왜 맨발로 있어요?"

"아 그게. 제가 실내운동화를 실내화로 잘못 봐서.."

"그러면 올 때 운동화 신고 왔어요? 여기 물티슈 있으니까 닦고 오늘은 운동화 신고하세요. 다음에는 꼭 챙겨 오시고요."

다행히 한 분이 나타나 해결해 주었다. 난 그분에게서 생명의 은인 같은 감사함과 천사 같은 후광을 느꼈다.

선생님이 와서 인사한 다음, 신나고 우렁찬 노랫소리와 함께 춤을 추기 시작했다. 무작정 동작을 따라 했다. 음악은 신났지만 내 마음은 아무 설명 없이 그리고 쉼 없이 움직여야 함에 적잖이 놀랐다. 눈으로 동작을 복사해서 내 몸에 붙여넣기를 했지만, 자꾸 입력값이 오류다. 나도 모르게 "어. 어어?.. 어?"라는 소리를 무한 반복했다. 몇 개의 노래가 중간중간 바뀌면서 비트는 더 빨라지고 동작도 비례해서 격해졌다. 수강생 중 한 분은 더 활기차게 분위기를 이끌며 사람들을 돌며 웨이브를 쳤다. 그분은 필수 준비물인 나대는 마음(끼)을 잘 챙겨오신 것이다.

한 15분 정도 지나자, 선생님의 동작이 멈췄다. 지금까지 격한 몸풀기였다. 이제야 NCT의 '삐그덕'이라는 안무를 숫자 카운트를 세면서 하나하나 동작을 선보였다. 선생님의 춤 선은 멋지고 역시 프로다웠다. 앞의 대형 거울을 보며 선생님의 행동을 찬찬히 살폈다. 선생님은 몇 번이고 계속 반복하며 설명하고 따라 하도록 인도했다. 막상 노래를 재생해서 춤추려고 하면, 내 기억은 벌써 증발해 있었다. 계속 반복하고 따라 하는데 이렇게 안 외워지다니! 절망할 시간도 없었다. 따라 하기 바빠 내 몸에서 영혼이 가출을 감행하고 있었다. 빠른 비트와 리듬에 내 팔과 다리는 제각각 어찌할 바를 몰랐다. 몸과 마음은 각자도생하기로 결심한 듯하다.

노래 자체도 신나고 소리도 빵빵한 데다 몸을 흔들어댔더니 뭔가 스트레스 풀리는 시점이 있었다. 이래서 댄스나 춤추기를 하구나 싶었다. 또 하나를 가르쳐주면 바로 하나를 따라하는 습득력 좋은 분도 있었다. 동작도 큼직큼직하고 춤 새가 남달라 뒤에서 보는데 감탄이 절로 나왔다. '어떻게 저렇게 바로바로 소화해 낼 수 있지? 무슨 댄스 과외라도 받는 걸까?' 비법이 몹시 궁금하기까지 했다.

마무리로 정리 운동을 하며 수업 1시간이 총알같이 지나갔다. 정신없이 따라하니 금방 땡하고 끝난 것이다. 달리기 연습까지 하며 체력을 길렀지만 끝나고 나니 거친 숨이 멈춰지지 않았다. 벌써 땀은 한 바가지 쏟아지고 물에 담긴 티셔츠를 막 꺼내 놓은 것처럼 옷은 축축했다. 하얗게 불태웠다는 말을 이럴 때 쓰는 것 같다.

"땀 좀 봐! 신입. 제일 열심히 했나 봐?"

 땀도 많은 데다, 어떻게 해야 할지 몰라 긴장했던 것 같다. 댐에서 수문을 열 듯 땀샘은 개방되었고 '엄청 열심히 춤춘 신입'이란 오해를 샀다.

 몸은 잘 따라가 주지 않았지만 재밌고 신났다. 시킬까 봐, 못한다고 할까 봐, 괜한 걱정을 산더미처럼 했나 싶었다. 그냥 못해도 좋았다. 반복하고 익숙해지면 조금 나아질 거라고 겁먹지 말자고 나를 달랬다. 한번 가르침에 바로바로 숙지한 언니의 비결은 '축적된 시간'이었다. 수강 시간 외에도 따로 모임에서 연습하며 무대에 종종 섰다고 한다. 지금껏 꾸준히 해왔다는 끈기는 타고난 재능을 이

긴다는 말을 실감했다.

 다이어트 목적으로 시작한 방송 댄스. 크롭티(아래 선이 잘린 듯 약간 짧은 형태의 티셔츠)를 입고 멋있게 춤추는 분들을 보니, 이놈의 뱃살을 부숴야겠다는 자극도 받았다. 수강이 마무리되기 전에 꼭 한번 크롭티를 입고가는 걸 목표로 삼았다. 그러려면 열심히 복근을 다져야 할 판이다.
 "살도 빠지고 복근을 드러내는 그 날을 꿈꾸려면? 지금 들고 있는 이 음식부터 내려놓아야겠지? 어서!"

에필로그

생각보다 사는 게 이렇게 재밌을 줄이야?

 나를 틀 안에 가두며 한계 또한 내가 설정했다. 내가 할 수 있는 일과 죽어도 할 수 없는 일로 구분했다. 한마디로 해보고 안 될 것 같은 일들은 시도조차 하지 않은 '호불호' 정확한 삶을 살았다. 모험보단 안정적인 것, 새로운 것보단 편하고 익숙한 것만 찾았다. 길도 가던 길만 가고 음료수도 먹던 걸로만 마시며 음식점도 먹고 괜찮은 곳은 질리도록 간다. 사람도 나와 맞는 사람 앞에선 수다쟁이가 되지만, 아닌 사람에겐 낯을 가린다. 그래서 길치고 사람을 새로 사귀는 데 시간이 걸리며 새로운 음식을 시도하는 것은 1년 동안 손에 꼽을 정도다.

 임신과 육아는 나에게 모든 것을 뒤흔들어 놓은 사건처럼 다가왔다. 내가 하고 싶은 것보다 해야 할 일을 선택해야 했고 못 해도 꾹꾹 누르며 참아야 할 일들이 많았다. 괜히 억울해지고 뭐 하나 제대로 하는 게 없는 것 같아 자꾸만 나 자신이 초라해졌다. 다들 아이를 들쳐메고 문화센터를 다니며 삼삼오오 육아 동지들과 전우애를 다졌다. 나와는 맞지 않았다. 아이가 울어도 눈치 안 보고 김칫국물 몇 방울 튀긴 옷도 추레하게 입을 수 있는 집이 편했다. 어쩌면 집이라는 동굴에, 원시인처럼 생존을 위해서만 움직였다.

물론 아이 엄마들과 어색하게 만나서 몇 마디 이야기 나누고 밥이 코로 들어가는지 입으로 들어가는지 모르는 모임도 몇 번 참석 해봤다. 모임 후에는 국민 육아템으로 무엇을 사용하는지, 지금 무슨 교육을 하면서 아이의 발달에 부응하고 있는지, 말을 어느 수준까지 할 수 있는지, 비교라는 판도라 상자가 우수수 열렸다. 오히려 같이 있는데 더 외로워졌다. 그렇다고 혼자서 외로움을 견딜 강단도 없었다. 왜 그렇게 바다 한가운데 홀로 떨어져 있는 기분이 들던지, '수영도 못하는데, 어쩌라고?'라는 생뚱

맞은 마음도 들었다.

  새로운 것을 배워가는 과정은 마음의 허기를 조금씩 채웠다. '내가 과연 할 수 있을까?'라는 질문에서 "그래 한 번 해보고 안 되면 또 해보면 되지. 뭐 어때? 당장 대회 나갈 것도 아니고, 상 받으려고 하는 것도 아닌데. 어제보다 오늘 1센티미터 성장해 있으면 되지! 누구보다 나를 물개박수치며 칭찬할 거야."라고 마음 먹이니 편해졌다.

  나는 이제야 사는 게 생각보다 "신나는데! 재밌어!"라는 표현을 쓴다. 이제껏 사는 건 다 힘든 거라고, 아프니까 청춘이라고 해서 '모든 고난'을 짊어지고 있는 것처럼 살았다. 하도 인상을 구겼더니 내 미간의 삼지창이 그 증거물로 남았다. 괜히 억울해지려고 한다. 못해도 즐길 수 있다는 것, 요것만 좀 더 일찍 알았더라면 좋았을 것 같다. 절벽으로 나 자신을 덜 몰아세우고, 덜 자책했더라면 조금 덜 울었을지도.

다들 초등학교 때 한 번쯤 해봤다는 피아노를 마흔이 다 되어가는 시기에 뚱땅뚱땅 도전하고 있다. 손가락은 마음처럼 움직여지지 않지만 내 안의 결핍과 부족함은 조금씩 채워졌다. 달리기를 통해서 마음속의 오만 잡생각을 털어냈다. 또 쏘울(영혼)이 느껴지도록 몸을 움직이지만, 자꾸 박자를 놓이고 어떻게 제어가 안 되는 팔다리에 깜짝깜짝 놀라는 방송 댄스도 하고 있다. 역시나 몸과 마음은 각자도생이라는 걸 매번 느낀다. 무엇보다 한번 배워봤으면 좋겠다 싶었던 글쓰기 강좌를 해나가면서 진짜 내가 하고 싶은 일이 무엇인지? 진지하게 생각해 보고 있다.

내가 과연 할 수 있을까? 했던 물음표 대신, 일단 재지 않고 실행에 옮기는 작은 용기가 필요했다. 나를 위해 시간과 물질을 쓰는 건 커다란 선물이 되어 나에게 되돌아왔다. 사람들을 만나면서 긍정적인 에너지도 많이 받았다. 열심을 내는 모습은 긍정적인 자극으로, 수고로움을 자처해서 봉사하는 모습을 통해서는 선한 모범을 배울 수 있었다. 물론 처음에는 어색해서 쭈뼛쭈뼛하다 익숙해지고 편안해지면서 수다 떠는 과정도 좋았다.

 "무슨 일 하세요?"라고 물을 때, "아이 키우고..." 아무 것도 내세울 것 없어 괜스레 움츠러들고 주눅 들었다. 이제 똑같이 물어본다면 "놀고 있어요. 아주 재밌고. 신명 나게."라고 자신 있게 말할 수 있다. '재밌게 노는 법'을 이제야 알아 너무 아쉽다고 너스레를 떨면서. 누구는 대통령이 되고, 외교관이 되고, 의사가 되고, 세계적인 아티스트가 되더라도, 나의 꿈까지도 굳이 그럴 필요는 없으니까. 나는 이 한 몸 불살라 재밌게 하루하루를 채워가는 것이 목표다. 이것저것 해보다가 '뭐 하나는 제대로 얻어걸려, 내 인생을 책임져 주면 완전 땡큐지만!' 그런 즐거운 상상도 추가한다.

 글을 쓰면서 나의 성격도 파악됐다. 나는 마감일까지 느긋하게 쓰면서 읽고 수정해 나가는 과정이 좋았다. 닥쳐서 하면 심장이 쫄깃쫄깃 생명줄이 짧아지는 기분이다. 여유롭게 차근차근 쓰고 고치고 완성해 가면 만족감이 높아졌다. 원고 완료 후에는 글쓰기에 대한 해방감과 자유함으로 무척이나 홀가분했다. 쓸 때마다 나는 작가가 되어 매회 출간이라도 한 것 같았다. 생산된 결과물은 부족하지만, 각각의 자식들처럼 애정을 느꼈다.

 글 쓰면서 가장 큰 변화는 독서량이 많이 늘었다. 글 쓰다 막히면 무작정 머리 식힐 겸 책을 꺼내 들었다. 무언가 풀릴 듯한 힌트와 마음속 답답함의 실마리를 찾아 헤맨다. 마음을 두드리며 손뼉을 치게 하는 부분도 있고 책 속의 주인공이 되어 다른 세계로 도피도 한다. 현실 속에서 할 수 없는 대범한 행동도 멋대로 해 보면서 대리 만족과 간접 경험을 한다. 마음이 조금은 정리되고 약간의 아이디어도 얻는다. 나도 이렇게 멋진 글들을 써 보고 싶다는 욕심도 부리면서.

 처음에는 글 하나 쓰는 것도 쩔쩔매며 '어떻게 책 한 권이 탄생할까?' 두려웠다. 함께하는 사람들이 있었기에 완주할 수 있었던 것 같다. '당진시립도서관 에세이 쓰기 13

인'의 선생님들, 큰 가르침과 유머로 수업을 이끌어주신 배지영 작가님, 그런 인연을 만들어 주신 김도희 주무관님께도 몹시 감사하다.

　무엇보다 엄마의 시간을 이해해주고 지켜봐 준 우리 수현이, 나윤이 그리고 나의 사랑 남편에게 미안함과 고마움을 전한다. 격주의 주말 수업과 원고 마감으로 인한 엄마의 빈자리를 이해해주고 이야기의 소재가 되어 줬으니 말이다. 항상 묵묵히 지켜봐 주시는 부모님과 시아버님, 모든 가족과 인연이 된 모든 이들에게 감사의 인사를 전합니다. 마지막으로 나의 걸음을 인도하시는 하나님께 모든 영광을 돌립니다.

버티고
견뎌내며
성장중입니다만

지은이 | 김효순
이메일 | longing1122@naver.com
발행처 | 도서출판 진포
발행일 | 2024년 11월 30일

ISBN | 979-11-93403-21-1

인　쇄 | 진포인쇄
주　소 | 전북특별자치도 군산시 팔마로4
전　화 | 063)471-1318

정가 15,000원

ⓒ 버티고 견뎌내며 성장중입니다만
본 책은 저작자의 지적 재산으로서 무단 전재와 복제를 금합니다.